# 公民抗命

# 改變世界的宣言

# 公民抗命

## MANIFESTO

## CIVIL
## DISOBEDIENCE

Andrew Kirk 著

廉萍 譯

三聯書店（香港）有限公司

策劃編輯　陸詠笑
責任編輯　黃婷婷

叢 書 名　改變世界的宣言
書　　名　公民抗命
叢書主編　尼爾・騰布爾
著　　者　安德魯・科可
譯　　者　廉萍
出　　版　三聯書店（香港）有限公司
　　　　　香港鰂魚涌英皇道1065號1304室
發　　行　香港聯合書刊物流有限公司
　　　　　香港新界大埔汀麗路36號3字樓
版　　次　2005年9月香港第一版第一次印刷
規　　格　32開（130×180mm）128面
國際書號　ISBN 962.04.2408.5
　　　　　© 2005 Joint Publishing (H.K.) Co., Ltd.
　　　　　Published in Hong Kong

# 目錄

# 公民抗命
## 序言

亨利·戴維·梭羅（Henry David Thoreau）的演講《公民抗命》（Civil Disobedience）大概是美國文學史上最著名的短篇作品。它多次重印再版，並被全美的大中學校列為學習課程。儘管在這篇演講以及梭羅的所有作品中，"公民抗命"這個短語都從未出現過，但諷刺的是，它已經成了為數不多的給英語語言貢獻新語彙的作品之一。這本小冊子將簡要介紹這篇演講，並將它置於歷史背景中，分析它是如何獲得目前的聲望的。

梭羅的銀板照片，拍攝於1856年，時年39歲。這是已知的作者僅存的兩張照片之一。

亨利·梭羅1817年7月12日出生於馬薩諸塞州的康科德，44年後，亦即1862年5月6日，在同一所村子裡死於肺結核。從哈佛大學畢業以後，他斷斷續續地打理過自家鉛筆廠生意、擔任老師、與兄長約翰開辦私立學校（他的第一份工作是在一所公立學校任教，但因為不肯過分鞭打學生而被申斥，僅僅兩週就辭職了）。隨後，他幫助拉爾夫·沃爾多·愛默生（Ralph Waldo Emerson）編輯超驗論者雜誌《日晷》，他職業生涯中的最後一份工作是土地測量員，這使得他有足夠的機會觀察植物群與動物群，確立了他後來作為自然主義者的名望。

儘管在有生之年只出版了兩本書——《在康科德與梅里馬克河上一週》（A Week on the Concord and Merrimack Rivers）和《瓦爾登湖》（Walden）——但梭羅畢生都在寫作。他的作品包括：科學嚴謹的植物學研究（其中一本關於森林生長的著作直至今日仍然被植物學家們採用）、旅遊寫作、詩歌、自然歷史以及他始於1837年的日記。梭羅開始記日記時只是把它作為正式寫作的練習，但是不久日記本身就變成了文學作品，並且成為奠定他當前文學地位的重要部分。他也就社會和政治問題發表文章和演講，尤其是奴隸制，《公民抗命》，最初就是發表於1848年的演講，是一系列支持廢奴主義者事業的論文中的一篇。

　　除了身邊親密朋友和英國其他超驗論者（Transcendentalist）的小圈子外，梭羅生前少為人知。據說他個性難於相處，敏感易怒，相當嚴厲和冷漠，經常讓人感到只有在他自己的小圈子裡他才是最幸福的。雖然他的作品在歐洲被廣泛閱讀，但在美國，由於各種原因，直到20世紀仍然沒有引起足夠的重視。不過，他一旦獲得認可，就迅速走紅，聲名鵲起。本書的目的就是解釋梭羅是如何從一個古怪的19世紀自然主義者發展成為1960年代反主流文化的海報青年的。梭羅最令人着迷的一面是他的作品的開放性，即可以有多種多樣的甚至完全對立的解讀。在後面的章節中，將探究在已經過去的上個世紀中湧現的梭羅的各種不同的描述，最終在21世紀將會出現的問題和潛在可能的背景下，判斷他的作品和思想的價值。

梭羅的出生地，位於馬薩諸塞州的康科德。除了在給愛默生的弟弟的孩子擔任家庭教師期間曾短暫前往斯坦頓島以外，梭羅的整個成年時期都居住在康科德。

# 公民抗命
## 背景和作者

1848年1月，當亨利·戴維·梭羅站在馬薩諸塞州的康科德學園裡發表他的題為"個人關於政府的權利和義務"（The Rights and Duties of the Individual in Relation to Government）（後來更名為"公民抗命"）的演講時，美聯邦已經存在70多年了。誕生於1775-1783年的革命戰爭，由傑佛遜、亞當斯、華盛頓以及其他開國元勳起草的《獨立宣言》奠基，因此美國是一個獨一無二的理想國度，人民締造，服務人民。儘管經過幾個世紀的入侵、殖民和吞併，古老的歐洲殖民勢力已經根深蒂固，但美國仍然是以民主為基石的現代發明，在能夠讓人聯想到的古羅馬時代的共和制基礎之上自覺建立起來。這是新大陸的新開端，敵人的國境等待着被征服，美國的人民和智謀隨時準備應對挑戰。

儘管歷史所記錄的事實的自相矛盾昭示這可能只是一種理想化的理由，儘管後來殖民者征服西部的實際行動使之黯然失色，但對於營造神話般的感覺來說，它仍然無比重要——也就是說，作為美國公民曾經一再使用，並將繼續使用下去的迷人謊話，它被用來定義他們自己，他們內部，以及他們與其他民族之間的關係。正是這個迷人的謊話，可以用來幫助解釋梭羅歸屬的寫作傳統，以及他感到義不容辭地挺身說話的原因，就像他在康科德學園裡所做的那樣。

1775年4月，在康科德附近，萊克星頓戰役爆發，不列顛人第一次戰敗，這預示着八年獨立戰爭的開始。

傑佛遜和他的助手起草《獨立宣言》，這是通向世界上第一個現代民主制度建立的自覺進程的開端。

## 基本文件

《獨立宣言》、《美國憲法》、《人權法案》無疑是被制訂出來以後最廣為人知、最廣泛引用的行政文件。

*我們認為以下這些真理是不言而喻的：人人生而平等，造物者賦予他們若干不可剝奪的權利，其中包括生命權、自由權和追求幸福的權利——為了保障這些權利，人類才在他們之間建立政府，而政府之正當權力，是經被治理者的同意而產生的。*

這些句子中包含的自信不僅激動人心，而且適合這個勇敢的新世界。關於梭羅，這裡需要指出兩個要點。第一個是"幸福"的概念。傑佛遜和他的同伴的這個詞彙很容易引起爭論。他們當然不是説美國是一個享樂主義的國度，一個有快樂度過每一天道德義務的寬容社會。對於傑佛遜時代的政治思想家而言，追求幸福意味着過上"美好生活"，這是一個集體概念——也就是説，它涉及到"大眾福利"。古羅馬共和政體把人民看作本質上的政治動物，全體公民都擁有參與公共事務、討論、權衡，最終做出決定的權利。梭羅熱切地關注"美好生活"的概念和含義，關注每個個人努力去發現它對他（或她）的意義的重要性。《獨立宣言》賦予了人民本身非常可觀的責任，梭羅嚴肅地擔負起了自

這是威廉·沃爾卡特（William Walcutt）的一幅油畫，獨立戰爭期間，可恨的喬治三世（GeorgeⅢ）位於紐約市的雕像被推倒。英王在美國殖民地犯下的暴行構成了《獨立宣言》的重要篇幅。

己和那些美國同胞應負的責任。

我們要指出的第二個要點是本段引文中的最後部分："為了保障這些權利，人類才在他們之間建立政府，而政府之正當權力，是經被治理者的同意而產生的。"美國獨立戰爭就是對不公平政府——英王的統治——的反抗，美國殖民地居民認為它是暴虐的，殘忍的，不合法的。因此，《獨立宣言》和其後的《美國憲法》都謹慎地規定了政府被允許做什麼，不允許做什麼，制訂了一系列牽制和平衡手段，以確保政府行使權力不至於過分，而是被限制在定義明確的約束措施中。各個州和聯邦政府之間的關係被如此定義，自由表達的理想獲得史無前例的有力支持，政府的思想要獲得被治理者的同意。在某種意義上，革命和懷疑被納入制度；這個制度只有在達到這個目的時才是合適的，一旦不能做到這一點，它就會被摒棄，並被新的制度取代。你可能需要保障言論自由，這種觀念表明，在那些擁有權力的人看來，真理可能並不總是人人想要的日用品。

對於梭羅而言，這一點的重要性在於，政府制度只有在以下情形中才能運行：每個人都對借用自己名義進行的行為始終保持警覺，如果個人的名義被盜用，有權自發拒絕，而且能夠拒絕。如果正確的政府依賴於人民的同意，那麼，人民就必須確保能夠了解政府正在做什麼，更重要的是，政府的所作所為應該是人民作為個人認為它應該做的。在《公民抗命》中，梭羅強調"個人"是至高無上的；他並不關心大多數人的看法。認為大多數人的意見更重要，這種看法是建立在假設大多數人最為強大這樣的基礎之上的，梭羅則認為"大多數人"不能成為任何事情的藉口。對於梭羅而言，同意，是一種每個個人都必須對他（她）的良知負責的道德判斷。不難看出，這種思想與聯邦政府賴以建立的基本文件有着直接的聯繫，而梭羅，正是這個聯邦政府中的一名公民。

## 超驗主義

　　新思想、新開端的勢在必行，在政治以外的其他領域也表現出來。1830年代發源於新英格蘭的超驗主義運動在"一神教"（Unitarian）的教堂裡生根發芽。"一神論"是對早期新英格蘭清教徒中嚴厲的加爾文主義的反動，清教徒的根本教義是，人類天生帶有原罪，只有被上帝的仁慈選中，才能通過基督的犧牲獲得救贖。它強調人類天性中不可補

公民在公共集會中就公眾關心的事件發表演講的習慣，是19世紀美國政治文化的重要組成部分。

一神論是由反對早期定居者中的加爾文主義枯燥乏味的精神發展而來的。一神論者希望在救贖的過程中為倫理尋求一席之地，一神論者思想中的某些方面發展成為超驗主義。

救的墮落和神聖仁慈的不可思議。加爾文主義中沒有倫理學的位置，使得人類被救贖的機會與他（她）個人的行為和性格毫無關係。教義的這種嚴苛性在清教徒神職人員中引起了很大爭論，隨着時間的流逝，許多人開始設計更為寬容的構想，在救贖的過程中為個人的虔敬和倫理行為留出空間。這場爭論的頂點是1805年開明神職人員亨利·威爾（Henry Ware）被選舉為哈佛大學神學院的教授。這遭到了保守的加爾文主義者的抵制，並最終導致1825年一神教教堂的建立，它的神學教義的基礎是每個個人內心的神聖潛能。和加爾文主義相反，一神論把精神生活定義為培育精神力量的持續努力。

超驗主義運動的發起人，以及有據可查、名副其實的美國文學、哲學文化的創始人，都正是一神論牧師，拉爾夫·沃爾多·愛默生本人。他的祖父和父親都是一神論的牧師，從哈佛神學院畢業以後，愛默生於1829年被聘為波士頓第二一神論教堂的初級牧師。但是1832年他辭去了自己的牧師職務，這部分因為他第一任妻子的過早辭世，部分因為半自覺地反抗家族的傳統，然而更根本的原因在於他不滿意歷史上舊式基督教的狹隘。愛默生希望擺脫自己的宗教背景的束縛，他實際上已經成為一種新式宗教的世俗領導者，這就是超驗主義。

超驗主義的第一部著作是愛默生的《論自然》，出版於1836年。開篇第一頁就奠定了愛默生平生事業的基調：

*我們的時代是懷舊的。它建造父輩的墳墓……先人們與上帝和自然面對面地交往，而我們則通過他們的眼睛與之溝通……為什麼我們不能擁有一種並非傳統的、而是有關洞察力的詩歌與哲學，擁有並非他們的歷史、而是對我們富有啟示的宗教呢？*

拉爾夫 沃爾多·愛默生被許多人看作是美國特色文化之父，他的《論自然》（Nature）一書是超驗主義的原始文本。

在《論自然》中，愛默生的基本觀點是"人的神性"思想，即個人自身擁有獲得精神的高貴和莊嚴的力量，從而超越世俗和物質，通過對自然的熱切的沉思冥想，與神聖的更高的法則保持和諧一致。超驗主義者運動受到文學作品中浪漫教育的影響非常大，尤其是華茲華斯（Wordsworth）柯勒律治（Coleridge）和歌德（Goethe）的作品，詩歌中的形象遠遠勝於牧師的作用，正如雪萊（Shelley）所說，是"未獲承認的立法者"。但是愛默生致力於的事情是，脫離舊世界（歐洲）的影響創造獨特的美國文化，從屈從於歐洲文明的文化中挽救美國，從他所看見的滑向墮落的唯物主義的最初苗頭中挽救美國。

1837年，愛默生在哈佛大學的畢業典禮上發表題為《美國學者》（The American Scholar）的演

愛默生位於康科德的故居。愛默生的存在吸引了大批作家來到這個村子，包括納撒尼爾·霍桑（Nathaniel Hawthorne），瑪格麗特·富勒（Margaret Fuller），布朗森·奧爾科特（Bronson Alcott）等，因此在梭羅時代這裡形成了重要的知識分子和文學中心。

講，隨後出版。聽眾中就包括亨利·戴維·梭羅。儘管早在1834年愛默生就搬到了梭羅家所住的康科德村莊，但是二人何時結識並沒有留下確切記載。可以確定的是愛默生對梭羅產生了深刻影響。梭羅已經閱讀了《論自然》，留下非常深刻的印象，並把它作為畢業禮物送給一位朋友，愛默生已經向哈佛的校長寫信，替梭羅申請到了一份獎學金。這種友好姿態是典型的愛默生式風度，在梭羅的整個事業生涯中，他一直是指路明燈，贊助人，朋友，最終成為最嚴厲的批評者。

《美國學者》中包含了許多後來構成梭羅"美好生活"概念及其後期著作中重要內容的思想。愛默生陳述了當前時代，即革命時代的學者的任務：

*假如人可以選擇他誕生的年代，為什麼不選擇革命時代呢？那時，新舊時代交替和並列，等待着被比較……那時，舊時代的歷史光榮被新時代的豐富可能性取代。*

他描述了學者所受教育的源泉——書籍，經驗，以及最重要的，自然。

*大自然對於人類心靈的影響，無論時間還是重要性上，都居於首位。*

正如華茲華斯已經做過、梭羅將要去做的那

樣，愛默生認為，自然是人類心靈的對應物。對愛默生而言，自然是人類生命中一種至高的決定性的力量。後來，梭羅也把研究自然作為自己作品的重要主題，但是，日後正是這一點使得兩個人彼此疏遠。

愛默生強調個人的中心性：

*任何能使個體獨立出來的因素——給予他自然而然的尊重，這樣個體感到這世界就是他的，並且，人與人相處有如主權國家之間的關係——這一切趨向於團結個體，同時使個體變得偉大。*

這也是梭羅哲學的基本內容，在《公民抗命》中，他反覆強調個體相對於大眾、群眾心理和國家的力量和重要。在演講的最後，愛默生號召他的聽眾們挽救美國文化：

*公眾和私人的貪慾，把我們呼吸的空氣變得濁重而油膩⋯⋯這個民族為自己的心智定出低下的標準，因此它不斷地損害自己⋯⋯我們要自己的腳走路；我們要用自己的手工作；我們要發表自己的意見。*

這些思想與梭羅本人天才的思路不謀而合。梭羅迅速成為愛默生最忠實的門生，這一點兒也不讓人吃驚。

英國浪漫派藝術家的思想對愛默生哲學觀的形成有重要影響，比如威廉・華茲華斯，儘管1833年愛默生初次遇到他時對他並沒有多少印象。

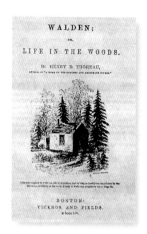

WALDEN;
OR,
LIFE IN THE WOODS.
By HENRY D. THOREAU,
AUTHOR OF "A WEEK ON THE CONCORD AND MERRIMACK RIVERS."

BOSTON:
TICKNOR AND FIELDS.
M DCCC LIV.

愛默生的贊助對於梭羅建立自己的寫作事業非常重要,他甚至允許這個年輕人在他瓦爾登湖附近的土地上建造一所棚屋體驗生活,這將成就梭羅最廣為人知的一部著作。

## 梭羅和愛默生

梭羅和愛默生之間的關係是複雜的,這裡不可能調查得非常清楚。在他們交往的早期,愛默生充當梭羅的贊助人,指導他出版自己的第一本書,僱傭他編輯超驗主義者雜誌《日晷》。梭羅呆在愛默生的房子裡,擔任他弟弟的孩子的家庭教師,住在他瓦爾登湖附近土地上的棚屋裡,這一段體驗後來幫助梭羅完成了他最著名的著作《瓦爾登湖》。作為回報,梭羅心智中的創意和活力,激發了愛默生自己的思想,也保證了他的文化啟蒙運動的想法得以實現。

這種關係無疑是不平衡的:愛默生比梭羅年長14歲,習慣於在日記中把梭羅稱為"我的亨利",彷彿梭羅是他自己的產品。愛默生從亡妻的遺產中獲取一份獨立的收入,足以支持自己的文學事業。由於家族關係,他與波士頓保持着良好的關係,他還是超驗主義者公認的領袖。而梭羅才剛剛畢業,幾乎沒有任何優勢。他擔任學校老師,或者參與家族的鉛筆製造生意。他們都具有難以相處的個性。愛默生,據他自己承認,情緒冷漠,沉默寡言,在交往中令人不快。梭羅呢,則容易生氣,有時不能容忍其他人的缺點。但是,在他們友情最強烈的時期,兩顆心靈以完美的甚至是神秘的關係產生了交匯。

愛之深則責之苛，這種高尚的關係在壓力下不可避免地會面臨崩潰。超驗主義者崇尚自我的神聖性，而普通人為維持社會關係不得不考慮的情感上的容忍和溫順，這二者之間水火不相容。愛默生和梭羅之間的關係，在他們日記裡以忠實、信任、高貴等詞彙充分表現出來。在這種關係中，個性、情感和世俗環境的現實被忽略了。但是，隨着時間的流逝，梭羅開始厭惡一直沿着愛默生專門為他指定的智力之路走下去。當他們的哲學觀點開始出現分歧，當偶像的光環開始消散，"普通"的友誼開始變得極端困難，因為"理想"曾經被注入了太多的因素。

　　對我們而言，這種疏遠非常重要，因為它在梭羅後來獲得聲譽的道路上帶來了嚴重的煩擾。大約在1849年，梭羅和愛默生之間的不和完全表現出來，每個人在寫到對方時，都混合着失望、生氣和厭棄的複雜情緒。愛默生為他的被保護人在毫無意義的自然研究和古怪的隱居體驗方面浪費才華感到震驚。他為梭羅明顯缺乏接觸社會的積極性而沮喪。至於梭羅這方面，他也對愛默生日益順從文明社會的愚蠢行為心生不快。

*　　一旦我意識到我的朋友的親戚和熟人都是些什麼人 —— 他的趣味和習慣是什麼 —— 我們之間*

梭羅鉛筆製造公司成立於1823年，梭羅不定期地受僱於父親的這家公司，獲取菲薄的進項。

梭羅畫像，塞繆爾（Samuel Worcester Rowse）作於1854年。此時梭羅已經脫離了愛默生的影響，堅定地在自己的智力之旅上奮鬥。

*的不同就注定了。我認為，所有這些朋友和熟人和趣味和習慣實際上都是屬於我的朋友他本人的。*

1840年代，由於幼子夭亡，愛默生陷入了一場精神危機，這多少也和他在文學事業中的"兒子"的失敗有關，梭羅正是其中最重要的一個，他向愛默生在《美國學者》中提出的觀點發出挑戰。

*我們知道，年輕人欠我們一個新世界，他們如此欣然而慷慨地允諾，但從來不準備償還，他們年紀輕輕就死去以逃避債務；即使活着，也在人群中迷失了自己。*

當愛默生的理想主義日益消退，開始贊成有限制的真實（"我們生活在各種表面之中，真正的生活藝術就依附在這些表面之上。"）時，梭羅正在追尋激進的個人主義，拒絕屈從於社會和文明的需求。1850年代，愛默生努力平息這些爭吵，但是他們之間哲學的根本分歧是無法克服的。比如，愛默生對他1847年第二次訪問歐洲時所發現的物質和社會的進步狂熱不已，梭羅則對他的朋友的這種熱情非常厭惡。他們個人的爭吵被渲染為美國文化精神的鬥爭。但是，由於梭羅在1862年44歲時英年早逝，愛默生贏得了下結論的機會——其結果我們還將在第三章中討論。

## 梭羅政治思想的來源

　　19世紀中期在美國，公共演講，一種教育大眾的普遍形式，幾乎每一個居住區都有自己的演講大廳，或者學園。1839年，僅在馬薩諸塞一地就有137座學園，巡迴演講團每週登臺，發表教育、科學、文學或政治方面的演講。愛默生的主要收入就來源於他的演講旅行，這些演講是人們在漫長黑暗的冬夜裡的消遣，也是一種教育。在1840年代，奴隸制和廢奴運動經常成為演講的主題。

　　梭羅在《公民抗命》中表達出來的政治理想並非出自獨創。關於個人與國家正確關係的爭論，個人良知與國家法律的矛盾衝突，為了獲得秩序井然的社會而不得不犧牲某些人的自由的社會契約思想——所有這些觀念在梭羅寫作的時代都是非常流行的，而且在他的論文中佔據相當重要的分量。梭羅的獨特之處在於他的雄辯力量和他個人經歷的象徵力量。他作品的一個重要先驅是愛默生出版於1844年的論文《論政治》（Politics），這一點也許不足為奇。

　　愛默生天生比梭羅更保守，他們後來互相疏遠的一個重要原因是，愛默生對這個年輕的追隨者的令人不安的激進主義和反社會行動沮喪不已。實際上，《論政治》已經開始表現出明顯的保守主義傾

公共巡迴演講如此受歡迎，使得愛默生可以過上舒適無憂的生活，在一個冬季系列演講中他可以賺到 2,000 美金——這是一個熟練工人全年工資收入的四倍。

在70多歲的時候，愛默生已經成為了美國文學的元老，他的作品吸引、鼓舞或者說煽動了一大批美國哲學家、詩人和小説家。

向，把道德法則與財產所有權等同起來。在後半生中，愛默生好像變得非常實用主義，他聽任自由放任主義競爭成為社會的唯一基礎：在前進的道路上可能會出現一些受害者，但是社會安排的最後的結果肯定會是最好的，因為它與我們的自然的基本原理是高度和諧的。但是在1844年，愛默生仍堅持個人力量的信念，他的絕大多數論文仍在反思同道德法則相比時政府的平庸，呼籲建立以仁愛而不是強權為基礎的社會。因此在《論政治》中有一些段落暗示了梭羅的立場：

> 要消除合法政府的這種弊端，只有依靠個性的影響和個人的發展……依賴聖賢的出現；必須承認，現存政府不過是對聖賢的彆腳模仿而已……國家之所以存在，就是為了培養聖賢，聖賢一出現，國家就隨即消亡。

這正是梭羅著作的重要主題之一：聖賢的重要性。可以説梭羅的目的就是要渲染個人的力量：

> 只有國家真正認識到個人的更高的獨立的力量，認識到它自己的力量和權威全部來源於此，並因此而重視和厚待個人時，才會出現一個真正自由和開明的國家。

在愛默生著作的結尾，有這樣一段話：

> 在任何人身上，從來沒有過對正直力量的充分

*信任，去激發他一展鴻圖，使他根據公正和仁愛的原則，復興國家……在我的記憶中，我無法找出一個這樣的人——他單憑自己的道德天性就堅決地否認法律的權威。*

也許梭羅把這看作一種挑戰。不管怎樣，看到這篇文章以後不久，梭羅就通過拒絕交納人頭稅的實際行動否定了法律的權威，努力一展鴻圖。

愛默生對梭羅的反政府行為和被捕入獄這兩件事表現得非常矛盾。在1846年的日記中，他抱怨道："除了只由一個國王和一個國民組成的君主政體以外，沒有哪個政府能夠滿足你。"據傳聞說，在一次談話中，他提到梭羅的行為時認為這是"吝嗇和逃避責任"。他看上去並不贊成梭羅的狂熱氣質——他後來在梭羅的葬禮上發表演講時表現出了同樣的反復無常模棱兩可。他指責梭羅企圖逃離這個"兩面派的模棱兩可的矛盾的耶穌會會員的世界"。當然，在某種意義上他是正確的；梭羅挺身而出像一位先知一樣大聲疾呼，而愛默生總是支支吾吾，探詢動機和後果，而且明顯地臨陣脫逃。有一個廣泛流傳的故事，說愛默生到監獄裡去看望梭羅，非常惱怒地質問："你為什麼在這裡?"梭羅則尖刻地反問："你為什麼沒在這裡?"這個故事顯然是虛構的，在1850年的滿足奴隸主要求的《密蘇里妥協案》

左圖：《逃亡奴隸法令》要求北方各州把逃亡的奴隸歸還給他們的主人，這項法令遭到了許多美國新英格蘭人的激烈反對，其中就包括愛默生。

右圖：《人類學論文集》，上面第一次發表了《公民抗命》，當時的題目是《對市政府的抵抗》。它的編輯伊麗莎白‧皮博迪傾向於把它辦成博采眾說的理想主義者的論壇。但是，第一期其實也是它的最後一期，它只吸引了50位訂戶。

之後，愛默生的確致力於幫助奴隸，成為新制定的《逃亡奴隸法令》最重要最高調的反對者之一。儘管如此，對於愛默生而言，按照沒有梭羅共享的那些爭論的邏輯去行動，他多少還是有一些不情願。

1849年，梭羅的演講稿發表在《人類學論文集》上，愛默生的態度看起來有所轉變。他在同一期雜誌上發表了寫於1838年的《論戰爭》，他肯定曾經希望大家把這篇文章作為梭羅演講的補充來閱讀：

> 一個擁有財產、健康和生命的人，必須對自己的行為負責任；……他必須是自己的王國和州；……要善於利用好的政府給予他的機會和優勢，但是即使政府、法律和秩序落空，他也不會沮喪，不會陷入困境……

梭羅也說了同樣的話，但是他是為了表明國家反對這樣的自力更生：

> 就我自己來說，我並不覺得我要永遠靠國家保

護。然而，如果在國家把稅單交給我時我否認了它的權威，它馬上便會奪走並揮霍掉我的全部財產，還要無休無止地騷擾我和我的孩子。這實在惡劣。這會使人無法誠實地生活，同時從外在方面講，也無法舒適地生活。

梭羅認為，唯一的手段就是變成個人獨居的王國。

你只能租住或蟄居在某個地方，種一點點莊稼，然後迅速吃光。你必須保存體力，睡覺時也要警覺，隨時準備跳起來逃跑，決不惹是生非。

愛默生反對梭羅遠離人世的退隱，但是梭羅努力去做的是尋求一種按照原則謹慎生活的方法。他不是像愛默生建議的那樣去追求鬥爭：

我來到這個世界，主要不是為了把它變成一個適於生活的安樂窩，而是要學會隨遇而安。

根據道德法則，人的神性，精神的真理——可以把這些叫做你的意願——而產生的生存的絕對需求，是梭羅的政見的基礎。他反對國家就是因為連這種生活方式都不能得到保證。

梭羅隱居到他瓦爾登湖旁邊的棚屋中，並不是要完全與世隔絕，而是要證明一個人可以生活得多麼簡單。

## 托馬斯·卡萊爾和威廉·培利

　　另外還有兩位作家對梭羅的政治觀點有重要影響——一位給予他靈感，另一位則是對立者。托馬斯·卡萊爾是蘇格蘭長老會教徒的兒子，從小接受準牧師的訓練。儘管他已經放棄了清教徒的信仰，但仍然保持着清教徒熱情的理想主義、為精神的觀念而獻身的特點，並以此作為反對物質主義、機械論、"文明"社會的更高真理。他們兩人對對方的著作都讚賞有加，卡萊爾是唯一一位被梭羅綜合全面研究過的作家。梭羅從卡萊爾那裡獲得了兩個重要主題。其一是內心信奉高於外表遵從。"法律從來不會使人變得更加公正。"梭羅在演講中説。什麼事情是公正的，什麼是正義的，與它們和你鄰居的想法、國家的法律甚至《美國憲法》本身是否一致並沒有關係。

　　梭羅也非常贊同卡萊爾對英雄人物的推崇，這些正直的人們擔當着社會的指路明燈。卡萊爾認為，現代社會的衝突和問題應該由少數聖賢來解決，而不是包括許多人的組織，在他的著作《論英雄、英雄崇拜和歷史上的英雄事蹟》一書中，他通過研究文學、宗教和政治等各個領域的偉大人物，論證了這一觀點。 梭羅在演講中同樣為正直的個人的力量高唱頌歌，貶斥那些缺乏思想的大眾的能

托馬斯·卡萊爾（Thomas Carlyle），他著作中的英雄主義熱情深深打動了梭羅。

力："任何人只要比他的鄰居更正義一些，就已經構成了單個人的優勢。"

從反面對梭羅產生影響的是威廉·培利，他是卡萊爾（位於英格蘭北部）的副主教，《道德與政治哲學的原則》（Principles of Moral and Political Philosophy）的作者。培利的神學功利主義把倫理行為與謹慎希冀天國的回報等同起來。行善的唯一理由就是利己："基督降臨人世，他告訴我們，如果我們的行為不是為了促進最大多數人獲得最大的幸福，那我們所有人都會下地獄。"一位評論員這樣概括培利的立場。培利的政治主張也脫胎於這種道德觀念。只要政府支持整個社會的利益，它就應該被服從。革命和反抗活動應該被禁止，因為可能產生不可預見或有害的副作用。在培利看來，政府唯一要考慮的問題就是"權宜之計"。

**威廉·培利（William Paley）的功利主義和梭羅的勇於為正義獻身、從不唯唯諾諾形成鮮明的對比。**

梭羅對這種觀點表示輕蔑，因為培利有一章論著討論《對政府的服從的義務》，所以梭羅針鋒相對地把自己的演說命名為"對政府的抵抗"（後來更名為《公民抗命》，見35頁）。"權宜之計"意味着政府是最強者——那些擁有最強的勢力或者最多的人數的一方——的政府。梭羅關注的是個人良知不容剝奪。對他而言，最大多數人的最大利益只是一個空

對於亞伯拉罕·林肯
（Abraham Lincoln）總統來
說，內戰並不是一場廢除奴隸制
的戰爭，而只是對南方各州脫離
聯邦政府的一種應對行為，因為
保持聯邦完整是他的職責。

洞的道德觀念，就像維持公民的概念是政府唯一的
目標。在這個意義上，審慎的考慮固然重要，除此
之外，別無他用。政府的責任不得不在道德的基石
上進行評判，但大多數人並不是道德實體。

　　如果我曾違背正義，從一個快要淹死的人手
裡把木板奪走，那麼，我必須歸還給他，即便這
樣我自己會被淹死。根據培利的理論，這樣的做
法未免相當"不識時務"。但是在這種情形下，那
個試圖活命的人就會丟了性命。這種"不識時務"
的人，必然會反對奴隸制，反對向墨西哥開戰，
哪怕以生命為代價也在所不惜。

　　梭羅在評判政治行動時總是把道德排除在外。
在內戰爆發前十幾年，他就根據自己的立場敏銳地
預見到了這一點。我們可以把他的宣言和當時最偉
大的政治家之一亞伯拉罕·林肯的言論拿來做一個
比較。林肯1862年在寫給報紙編輯霍勒斯·格里利
（Horace Greeley）的信中說：

　　在這場戰爭中，我最重要的目標是拯救聯邦
政府，而不是拯救或者摧毀奴隸制度。如果無須
解放任何一個奴隸就能拯救聯邦，我會這麼去
做；如果只有解放全部奴隸才能拯救聯邦，我會
這麼去做；如果解放一部分奴隸放棄一部分奴隸
就能拯救聯邦，我也會這麼去做。

林肯的話反映了政治家的功利主義，而梭羅，則是先知的理想主義。但是到內戰爆發的時候，梭羅的肺結核已經不可救藥。他最初對北方事業的支持似乎也隨着健康狀況的惡化而減弱，在他死後，他對這場偉大戰爭的輕視成為人們指責他的理由。

這是一幅理想的種植園畫卷，反映了南方擁有奴隸人口的一些精英人物的溫情主義觀點，他們滿足於自己的一小片土地，不願意被自決權侵擾。

## 《公民抗命》的直接背景

梭羅發表這篇演講的主要原因是他對奴隸制度和1846年的墨西哥戰爭的徹底反對，在北方人們普遍認為這是一次支持奴隸制度的戰爭。自從存在之日起，奴隸制度就是美國殖民地的基礎，沒有奴隸制度就沒有美國，儘管這樣說有些誇大其詞，但是這種廉價的俘虜勞動力的使用，的確提高了煙草、大米以及靛藍種植園的收益率。到19世紀中期，在北方奴隸制度在經濟上的重要性已經消失，但在南方各州依然是一種習慣，棉花是當地主要的經濟作

THE LIBERATOR.

OL. I.　　WILLIAM LLOYD GARRISON AND ISAAC KNAPP, PUBLISHERS.　　[NO. 22

BOSTON, MASSACHUSETTS.]　　OUR COUNTRY IS THE WORLD—OUR COUNTRYMEN ARE MANKIND.　　[SATURDAY, MAY 28, 1831.

威廉‧勞埃德‧加里森
（William Lioyd Garrison）和
他的報紙《解放者》（The
Liberator）在促使南北方關於
奴隸問題的觀點兩極分化上發揮
了重要作用。

物和財富來源。這種習慣的社會和文化意義同樣重要。對土地以及土地上勞作的奴隸的所有權，建立起南方精英人物的地位，在南方人的眼中看來，奴隸制的廢除意味着南方紳士文明文化的解體，以及每個人都各就其位的社會階層的解體。

到了1830年代，可以看到，奴隸制和時代精神之間的不合拍越來越明顯。席捲美國的福音派復興導致了對做各種好事和祛除罪惡的熱衷——奴隸制度被認為是最主要的罪惡。與此同時，啟蒙運動的理性哲學認為，奴隸制度對於奴隸和奴隸主而言都是根本的墮落，在現代社會中不會有他們的位置。1833年英國西印度殖民地奴隸制度的廢除給予美國的廢奴運動很大的推動力。

北方重要廢奴主義者言論的激進主義使南方保衛奴隸制度的態度更為強硬。其中主要代表人物是威廉‧勞埃德‧加里森，他1831年在波士頓創辦的報紙《解放者》，成為廢奴主義者觀點的最強有力的代言人。加里森是一位無政府主義者，除了強烈反對奴隸制以外，他對其他各種事件的意見——比如，他的關於女性社會地位的女權主義批評，他對安息

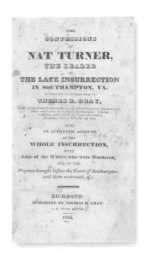

日和基督教牧師的攻擊，等等——都遠遠超出主流社會能夠接受的範圍。雖然讀者人數不多，但《解放者》誇張的風格，使得它的描繪粗鄙、野蠻的南方貴族階層的文章一版再版，在南方人們以為這是北方高漲的廢奴主義情緒的典型代表，但事實上並沒有這麼嚴重。這培養出南方人的被圍困的狂妄錯覺，極端主義分子甚至由此意識到北方對南方文化的威脅。實際上，廢奴主義情緒在北方並沒有這麼普遍，即使在廢奴主義者內部，加里森也被認為是一位危險的革命狂熱者。

　　北方反對奴隸制度的人士，他們對受奴役的黑奴處境的同情，還比不上對因大批心存不滿的外國僑民所造成的安全隱患的擔憂。雖然大規模的奴隸起義相對少見（被殘忍地鎮壓下去也不足為奇），但是1831年發生在弗吉尼亞州的一次重要起義，卻足以引起南方和北方在這個問題上的共同恐慌。除此以外，在南方，農業經濟一度輝煌，但北方經濟未來的基石，卻取決於商業和工業。因此北方各州決定，只要美國的西部開發運動還在繼續，在未開拓領域，所有新認領的土地就應當是自由的，而不是被奴隸經濟徵用。而"奴隸主集團"，當然希望開墾

1831年由納‧特納（Nat Turner）領導的奴隸起義造成了55名白人死亡並引起激烈反擊，除了那些被政府處決的黑人以外，狂怒的白人還殺死了200多名奴隸。

安東尼奧‧L‧德‧桑塔‧安納（Antonio Lopez de Santa Anna）（右上）與詹姆斯‧K‧波爾克（James K. Polk）總統（上圖），1846-1848年的墨西哥戰爭中的對手。美國的勝利使得它吞並了加利福尼亞和新墨西哥的領土。

更多的土地，這意味着更多的奴隸。這實際上是政治權力問題，而非單純的廢奴主義情緒，但是由於雙方在主張和反控時都比較過激，所以在北方，反對南方的情緒日益高漲，奴隸制度成為焦點問題。到1848年梭羅寫作這篇隨筆的時候，這個問題已經演變成聯邦內部南方和北方各州之間劇烈衝突的根源。

墨西哥戰爭就和聯邦中蓄奴派的力量衝突有關。得克薩斯，連同墨西哥和加利福尼亞，自從16世紀早期就是西班牙的殖民地。脫離殖民勢力下的獨立活動開始於19世紀早期，後來集中到得克薩斯，因為這片土地距離殖民統治的中心墨西哥城很遠。一系列起義獲得了不同程度的成功，1821年墨西哥終於宣佈獨立，但是，在獨立戰爭期間，得克薩斯的身份變得模糊起來。

雖然當它還處於西班牙殖民統治之下時，美國就宣佈了對得克薩斯的所有權，但是在1819年的條約中又放棄了它。儘管如此，許多美國人還是在墨西哥政府的鼓勵之下，於墨西哥宣佈獨立之後，在得克薩斯定居下來。墨西哥的政權在中央集權主義者和聯邦主義者之間爭來奪去，前者希望建立獨裁政府，後者主張共和民主制。到1834年，安東尼奧‧L‧德‧桑塔‧安納宣誓就職，成為獨裁者。反

對獨裁統治的聯邦主義者在得克薩斯建立了堡壘,1835年,著名的得克薩斯革命開始了。到1836年4月,敵對狀態的末期,開始只是反對墨西哥政府的內戰,已經演變成得克薩斯宣佈成立共和國的獨立戰爭。

1837年,美國政府承認得克薩斯,得克薩斯請求加入聯邦。這遭到了北方廢奴主義者的強烈反對,因為得克薩斯是一個蓄奴州,它的加入,會加大南方支持蓄奴制度者的影響。國會陷入曠日持久的請求和反請求之中。但是,僵局被1844年的總統大選打破,民主黨人詹姆斯·波爾克贏得了大選,他奉行擴張政策,主張將西南和西部的土地並入聯邦,其中包括得克薩斯。

1845年,得克薩斯適時地被提名並接受,獲得許可加入聯邦,美國政府在得克薩斯派駐了軍隊,抵禦來自墨西哥的攻擊。墨西哥從來不曾承認過得克薩斯的獨立,民族情緒被煽動起來,與美國之間的戰爭箭在弦上,一觸即發。因此,北方以美國政府的名義,與代表支持蓄奴制度力量的南方,發生了武裝衝突。

温德爾·菲利浦（Wendell Phillips）是一位律師，加里森擔任主席的反奴隸制團體的重要成員。他是廢奴運動陣營中最有成就的演說家，在奴隸制度被廢除以後，他繼續投身於為女性權利和普選權的鬥爭。

## 梭羅的抗議

　　解決奴隸制問題的唯一合法途徑是修正憲法：憲法賦予聯邦中的每個州擁有處理自己內部事務的權力，而修正案需要四分之三的州的批准。但是，在1848年，30個州中有15個是蓄奴州，不可能通過任何一個這樣的修正案。國家的締造者給他們的後繼者留下了一個棘手的難題。温德爾·菲利浦是那個時代最能言善辯的廢奴主義戰士，他認為憲法是一份"支持奴隸制度的契約"。由於南方和北方在奴隸制問題上觀點的兩極分化，政治體系要改變這一狀況幾乎毫無希望。直到梭羅開始關注，此前選舉人的政見一直無足輕重——他稱之為"一種遊戲方式"——他不會費心去投票，也不想被認為贊同這種政治程序。在他的隨筆中，梭羅含糊地稱讚馬薩諸塞參議員丹尼爾·威伯斯特是一個優秀政客，但是指出他的政治優秀來源於他的謹慎和利己的品質，而在梭羅的道德詞典中，這兩個詞都是貶義詞。

　　由於缺乏明顯可行的政治或法律途徑，梭羅選擇超脫社會制度的框架，在可能更堅實的基石——道德——上反對奴隸制度，訴諸於每個個人的良知。他呼籲每個人"投下你的一票，那不僅僅是一張紙條，而是你的全部影響"，意思是說，個人不應該簡單地依賴政客，而應該熱切地投身於各項事務。他認為，在一個蓄奴州裡，監獄是一個正直的人唯一可呆地方，他拒絕認同"作為我的政府的政治組織，同時是一個奴隸制政府"。馬薩諸塞是北方各州中反對奴隸制度最激烈的，也是廢奴主義者活動的重要中心。因此，梭羅有一種同情心的基礎，他希望藉此使演講更加激進。

梭羅演講的重點是為他因拒繳人頭稅而在監獄度過的那一個夜晚作出解釋。從1843年起，梭羅就拒絕向州政府繳納人頭稅，可能是為了抗議馬薩諸塞成為把逃亡奴隸歸還給原來的主人的同謀犯。1793年頒佈的聯邦《逃亡奴隸法案》規定，非蓄奴州不得為從南部逃出的奴隸提供藏身之所。1842年，有人試圖把一名叫喬治‧雷帝默（George Latimer）的黑人奴隸遣送回奴隸制的南方，結果引起一場反對政府的軒然大波，同情的力量是如此之大，以至於在1843年通過了一項法令，禁止州政府任何官員協助遣返逃亡奴隸。

馬薩諸塞州的參議員丹尼爾‧威伯斯特（Daniel Webster），1850年由於在參議院中對《逃亡奴隸法令》表示擁護而招致廢奴主義者廣泛批評。這個法令是《密蘇里妥協案》的一部分，旨在保衛聯邦，緩和奴隸制度危機。

還不清楚為什麼從梭羅拒繳人頭稅開始，過了三年他才被投入監獄。拒繳人頭稅的情況並不罕見，但是原因往往是出於貧困而不是思想。不繳納人頭稅的人不允許參加投票，但是當局很少追究他們，因為他們通常沒有權力因債務問題而抓捕他

布朗森‧奧爾科特，康科德超驗主義小圈子中的成員，一位廢奴主義鬥士。1854年，在波士頓，由於逮捕逃亡奴隸安東尼‧布恩而引發了一場騷亂，在這場騷亂期間，奧爾科特組成了著名的一人代表團，到波士頓法庭請求釋放布恩。

們。布朗森‧奧爾科特（Bronson Alcott）和查里斯‧萊恩（Charles Lane），兩位廢奴主義者，在1843年，為了抗議奴隸制度拒絕繳納人頭稅而被捕，在有人以他們的名義繳稅以後很快即被釋放。此後不久梭羅就拒絕繳稅，但是他並沒有被逮捕。這也許是因為他的抗議只是一種個人行為，而萊恩和阿爾卡特屬於加里森的廢奴主義組織，其行為更引人注目。也可能是因為康科德的收稅官山姆‧斯坦普爾（Sam Staples），是梭羅打獵的夥伴。

　　但是，到1846年墨西哥戰爭開始的時候，梭羅也許感覺到有必要讓自己的抗議更加公眾化。他在《波士頓信使報》（Boston Courier）上寫文章，抗議這場戰爭，闡釋個人良知重要性的原則："在國家法律命令我去做違背良知的事情的情況下，難道我的良知就不是至高無上的嗎？"梭羅聲稱，在與墨西哥作戰期間，他將拒絕參加美國軍隊。由於墨西哥戰爭並沒有發佈徵兵令，這種聲明沒有什麼實際作用，但是它是一種姿態，梭羅藉此提出"公民抗命"思想，作為表達自己從道德上反對戰爭的方式。

　　這篇文章發表之後一個月，他偶然遇到了山姆‧斯坦普爾，他們開始討論他的拒繳行為。斯坦普爾建議可以通過協商減少稅額，或者借錢給梭羅去交稅，但是梭羅拒絕了。他也許已經拿定主意，

康科德的收稅官山姆·斯坦普爾，他把梭羅關進監獄，而且在欠款被繳清之後拒絕釋放梭羅，他的女兒解釋說，當天晚上他已經脫掉了靴子準備舒舒服服休息了。

要努力把這個事件變成使自己的抗議行為更加具體化的方法。不管怎樣，斯坦普爾說，如果梭羅繼續拒繳，就將被投進監獄。梭羅回答，他安之若素——於是梭羅在康科德的監獄裡度過了一夜。實際上，他剛走進監獄他的姑姑就替他繳清了欠款，這令梭羅大為不滿，儘管直到第二天他才被釋放，而這很可能是因為斯坦普爾為自己的朋友如此執迷不悟的"豬腦子"而憤怒。因此，他的演講藉以安身立命的這個事件，實際上相當瑣細，但是梭羅，藉助他雄辯的力量，向其中傾注了大量象徵意義："事情的開端看起來可能實在微不足道，但這沒有關係：因為只要一次做得到，便會有人一直做下去。"

像其他許多先知一樣，梭羅的演講被景慕者和詆毀者作出了截然不同的解釋。首先，"公民抗命"（Civil Disobedience）這個短語在這篇演講中實際上並沒有被使用過，它出版時最初的題目是"對政府的抵抗"。我們今天所見到的"公民抗命"的題目，是1866年，在他去世後短篇作品結集出版時開始起用的，可能是因為編輯比較敏感，擔心它影射當時的美國南部邦聯的叛亂和南北戰爭。題目的改變減弱了這篇隨筆的斬釘截鐵的力量："不服從"意味着被拒絕遵從的制度具有某種合法性，有資格進行懲罰，而"抵抗"包含更多以暴制暴的意味。事實對於梭羅而言，約翰·布朗（John Brown）是一位被神化的超驗主義英雄，一位只依照自己內心靈光行事而不計後果的人。在梭羅筆下，布朗呈現為基督般的形象，是犧牲自己"挽救四百萬人的救世主"。

上，在這篇隨筆中，梭羅並不承認抗議者應被迫接受合法的懲罰。

　　和普遍的看法相反，梭羅並不排除在追求正義的過程中使用暴力："不過，我們甚至應該假設，血總是會流的。難道良知受傷就不流血?"不久他又寫了一篇文章，替約翰·布朗辯護，布朗是一位廢奴主義者，為了發動奴隸起義，在弗吉尼亞州哈普斯費里的美國兵工廠領導了暴力反抗，後被處以絞刑。梭羅認為布朗是一位英雄，這和他後來被公認的非暴力不合作的鼓吹者的形象並不一致。梭羅在當時就獲得了"煽動性"作家的名聲，在一位南方作家瑪利·鉑金·查斯南（Mary Boykin chesnut）的《南部日記》（Diary from Dexie）一書中，羅列了一長串北方廢奴主義者的名字，梭羅包含其中：

　　（他們）居住在景色優美的新英格蘭的家裡，

*衣着整潔，帶着甜蜜的微笑，躲在圖書館裡，寫*
*一些文章書籍，來緩解心中因反對我們而產生的*
*苦惱。他們反復勸說約翰‧布朗，以基督的名義*
*來到這裡割斷我們的喉嚨，這是一種怎樣的自我*
*犧牲啊？*

　　這段話對梭羅和他的隨筆有大量的誤解。在某
種意義上，這只是一紙空談。梭羅的目的在於喚醒
聽眾的良知，二十世紀的證據證明他在這一點上獲
得了成功。在本書的第四章將着重介紹梭羅著作產
生的作用，以及那些與他有關的人物。

我由衷地贊同這句格言——"最好的政府是管理最少的政府";我希望看到這個警句迅速而系統地得到實施。我相信,實施後,其最終結果將是——"最好的政府是根本不進行管理的政府",而且,當人們準備好之後,這樣的政府就是他們希望擁有的政府。政府充其量不過是一種權宜之計,而大部分政府,有時所有的政府卻都是不得計的。反對設置常備軍的呼聲日益高漲強烈,必將佔據主導地位,而且最終可能發展為反對常設政府。常備軍隊不過是常設政府的一個分支力量。政府本身也只不過是人民選擇用來行使他們意志的一種模式,同樣地,在人民還沒有來得及通過它進行運作之前,它也很可能被濫用或誤用。眼下的墨西哥戰爭就是例子,它正是少數幾個人將常設政府當作私人工具的結果,因為,從一開始,人民就不同意採取這種措施。

眼下的這個美國政府——它不過是一種傳統,儘管歷史還不久,但卻竭力使自己原封不動地屆屆相傳,可是每屆都喪失掉一些自身的廉潔正直。它的生機和魄力還頂不上一個活人,因為單個個人就能隨心所欲地擺佈它。對於人民來說,政府只是一支木頭槍。不過,儘管如此,它卻仍然必不可少,因為人們需要某種複雜機器之

類的玩意兒，需要聽它發出的喧囂，藉此滿足他
們對政府之理念的要求。因此，政府的存在表
明，為了人民自身的利益，可以如何成功地利
用、欺騙人民，甚至可以使人民自我利用、自我
欺騙。我們大家都必須承認，這真了不起。不
過，這種政府從未主動地促進過任何事業，而只
是欣然地超脫其外。它不曾捍衛國家的自由。它
不曾解決西部問題。它不曾致力教育。目前所有
的成就全都是由美國人民的傳統性格完成的，而
且，假如政府不曾從中作梗的話，本來還會取得
更大的成就。因為政府是一種權宜之計，通過它
人們樂得互不打擾；而且，如上所述，最便利的
政府也就是被管理的人民最不被打擾的政府。商
業和貿易除非是用印度橡膠製成，否則絕不可能
躍過立法者們沒完沒了地設置下的障礙；倘若完
全以立法者們行動的效果，而不是僅僅以他們行
動的意圖來評價的話，那麼他們就應當被視作在
鐵路上設置路障的搗亂者，並受到相應的懲罰。

　　但是，現實地說，作為一個公民，我不像是那
些自稱是無政府主義者的人，我所要求的不是立即
取消政府，而是立即擁有一個更好的政府。讓每一
個人都表明，可以贏得他的尊敬的是什麼樣的政
府，這樣，也就為擁有這種政府邁出了一步。

歸根結底，當權力掌握在人民手中時，多數派將有權統治，而且這統治將長期持續，其實際原因不是因為他們可能是正義的，也不是因為少數派認為這樣最公正，而是因為他們在物質上最強大。但是，一個由多數派決定所有事項的政府，是不可能建立在正義的基礎之上的，即使人們對此表示理解也辦不到。難道不可能有這樣一種政府嗎？——對公正與謬誤真正作出決定的不是多數派，而是良知；多數派僅僅針對那些可以運用便利法則解決的問題做出決定。難道公民必須，哪怕只是暫時地或最低限度地，使自己的良知屈從於立法者嗎？那麼，為什麼每個人還要有良知呢？我認為，我們首先是人，然後才是受統治的臣民。培養人們像尊重正義一樣尊重法律是不可取的。我有權承擔的唯一義務是，不論何時都只做我認為是正義的事情。人們常說，當局沒有良知，而有良知的人組成的當局不失為有良知的當局。法律無法賦予人哪怕一點點正義；而且由於人們對法律的尊重，善意也會日漸變成非正義的工具。對法律不適當的尊重，會導致一個自然而普遍的結果，那便是：你會看見一整隊的士兵，團長，統帥，下士，二等兵，火藥手等等，浩浩蕩蕩，翻山越嶺，跋山涉水，奔赴戰場，而

這一切都違背了他們的意願——不，違背了他們
的理性與良知，這使得行軍成為良心難安的艱苦
跋涉。毫無疑問，他們的處境糟糕透頂；但他們
逆來順受，息事寧人。那，他們算什麼？是人？
還是服務於那些寡廉鮮恥的掌權者的小型移動堡
壘和彈藥庫？……

梭羅把服務於國家的人民大眾比喻為軍隊中的士
兵："以血肉之軀為冰冷機器。"

那麼一個人應當如何對待當今的美國政府
呢？我的回答是，與它發生聯繫是一種恥辱。我
絕對不能認可，作為我的政府的政治組織，同時
是一個奴隸制政府。

人人都認可革命的權利，亦即當政府的暴政
或低效令人無法忍受時，人們有權拒絕向其效
忠，並進行抵制。但是，幾乎所有人都說，現在
的情況不至於此。他們認為，1775年革命時的
情況才是如此。如果有人對我說，這個政府很糟
糕，它對運抵口岸的某些外國商品課稅，我極有
可能會無動於衷，因為沒有這些外國貨，我照樣
過得很好。所有的機器都免不了產生摩擦，但是
它帶來的好處也許正可以抵消弊端。不管怎麼
說，對此大驚小怪是大錯特錯的。可是，如果摩
擦控制了整個機器，並進行有組織的欺壓與掠

奪，那麼，就讓我們扔掉這部機器吧。換句話說，如果在一個號稱自由的庇護所的國家裡，它的六分之一人口是奴隸，如果整個國家被外國軍隊不公正地侵犯和征服，並被置於軍管之下，那麼，我認為，正直的人們奮起反抗、發動革命就為時不遠了。使這個任務變得更為緊迫的是，被侵犯的國家不是我們，實際上，我們正是那侵入別國的軍隊……

在這裡梭羅介紹了培利的政治學原理，後者把公民的全部義務簡化為"權宜之計"。

然而很明顯，培利從未思考過如下情形，即某一個人或者一批人，不論代價如何，必得按正義行事，此時"權宜之計"原則就未必適用。如果我曾違背正義從一個快要淹死的人手裡把木板奪走，那麼，我必須歸還給他，即便這樣我自己會被淹死。根據培利的理論，這樣的做法未免相當"不識時務"。但是在這種情形中，那個試圖活命的人就會丟了性命。這種"不識時務"的人，必然會反對奴隸制，反對向墨西哥開戰，哪怕以生命為代價也在所不惜。

在實踐中，各州都贊同培利的理論；然而又有誰想過，在眼下的危機中，馬薩諸塞州到底應該如何去做？

*國中有娼女，*

*身着金縷衣。*

*裙裾飄若仙，*

*靈魂惹塵淬。*

事實上，反對馬薩諸塞州改革的人不是南方成千上萬的政客，而是這裡成千上萬的商人和農場主，他們更感興趣的是商業和農業，遠甚他們身為人類這一事實。無論代價如何，他們都不打算公正對待奴隸和墨西哥。我與之爭論的敵人，並非遠在天邊，而就在我們周圍。他們與遠方的敵人合作，言聽計從。如果不是這些人，遠方的敵人無法為害。我們習慣說，廣大群眾還沒有做好準備。可是改善這種情況的過程是緩慢的，因為這些少數人實質上並非遠比多數人高明或優秀。在某處樹立某種絕對的善，比讓許多人都像你一樣好更重要。因為絕對的善會像酵母一樣影響、改變整體。成千上萬人持反對奴隸制度、反對戰爭的觀點，但實際上並未採取任何實際行動來制止它們。他們自稱是華盛頓和富蘭克林的子孫，卻兩手插在褲兜裡閒坐着，聲稱不知該做什麼而無所事事。他們更重視自由貿易，而非自由本身。晚飯後，他們平靜地閱讀市價表和墨西哥的最新報道，也許，讀着讀着便睡着了……

所有的投票都不過是一種遊戲，就像跳棋或者十五子棋，加入了些許道德色彩，玩法可以分出正確和錯誤，牽涉到一些道德問題；而且自然帶有賭博意味。選民的品質當然不會用來賭博。我投下一票，或許是投給了我認為正確的一方；但是我並不特別關心，這正確的一方是否能贏。我更傾向於少數服從多數。因此，投票的職責，從來都不會超越"便利"的界限。即便是為正確的一方投下一票，實際上也相當於無所作為。它只是溫和地向人們表明你的願望，表明你認為它才該勝出。聰明人如果希望正確的一方獲勝，不會讓它坐等機會垂青，也不會指望多數的力量。大眾的行為幾乎沒有什麼價值可言。有朝一日，如果多數人終於肯要投票支持廢除奴隸制，那麼可能會是因為他們對奴隸制已經毫無興趣，也可能是因為幾乎沒有剩下什麼奴隸制留待他們投票廢除。到那時，他們會是惟一的奴隸。惟有通過投票維護自己自由的人，惟有他的投票，才能促進對奴隸制的廢除。

在這裡，梭羅哀悼具有獨立精神和道德決心的真正的"人"的缺乏。

　　誠然，全心全意投身於消除世間所有——甚至罪大惡極的不公正，並不是一個人必須盡到的義務；他仍然可以適當地關心別的事情來充實自己的生活；但是至少，他有義務不參與這些不公正，而且，如果無暇進一步思考，就決不給予它實際的支持。如果我本人要投身於某項事業或規劃，我首先必須考慮清楚，我在追求時不會增加別人的負擔。我必須首先獲得他的容忍，使他也能夠追求他的事業。必須要考慮清楚，我們之間到底有多少矛盾可以容忍。我曾聽到有些同鄉講，"我還是等到他們向我下令，讓我幫著鎮壓奴隸造反，或者遠征墨西哥的時候——再來考慮我該不該去吧。" 不過正是這些人，每人都已經直接地用他們的忠誠，而且間接地，至少用他們的金錢，提供了替代品。拒絕參加這場非正義戰爭的士兵，獲得了那些不拒絕支持非正義政府——正是它發動了這場戰爭——的人們的喝彩，獲得了那些漠視自己的行為與權威的人們的喝彩。就好比一個國家為了表示悔罪，只是在犯罪後僱人來鞭打自己，而不肯將這種犯罪停止片刻。因此，打着秩序及市民政府的旗號，我們所有人全都被迫臣服和支持我們自己的自私。第一次犯了罪會羞愧難當，以後就會變得越來越無動於衷；不道德的行為會漸漸轉變為，比如說，無視道德，這是我們曾經經歷的生活中並非完全多餘的組成部分……

梭羅聲稱，如果不值得為之效力，民眾就應該對政府持不贊成態度。

*按照原則做事，理解並躬行正確的事情，將會大大改變事物及其關係；從根本上講，這就是革命，而非完全與現存的一切保持一致。它不僅會分離州與教會，還會分離家庭；或者說，它將分離個人——將其惡行從神性當中分離開來。*

*不公正的法律仍然存在：我們是心甘情願地服從這些法律，還是努力去修正它們、然後服從它們，直至我們取得成功呢？還是立刻粉碎它們呢？在當前這種政府統治下，人們普遍認為應該等待，直到說服大多數人去改變它們。人們認為，如果他們抵制，補救措施造成的後果可能比原來的謬誤更糟糕。不過，如果補救措施造成的後果真比原來的謬誤更糟糕，那也是政府的過錯。是政府使其變得更糟糕。為什麼政府不能善於預見並應對改革呢？為什麼政府不珍惜重視少數派的智慧呢？為什麼政府不見棺材不落淚呢？為什麼政府不鼓勵老百姓保持警覺，積極為政府指出錯誤，從而避免犯更多錯誤呢？為什麼政府總是把基督釘在十字架上，把哥白尼和路德逐出教會，並指責華盛頓和富蘭克林是叛亂分子呢？*

......

梭羅承認某些不公正是"政府機器"的一部分，但是如果這台機器"它的本質要求你對別人做不公正的幫兇，那麼，我要說，就打破這法律好啦。"

　　至於採納州政府業已提出的補救謬誤的方法，我聞所未聞。那些方法耗費時日，在人們的有生之年未必奏效。我還有別的事要幹。我來到這個世界，主要不是為了把它變成一個適於生活的安樂窩，而是要學會隨遇而安。一個人不可能每件事都去做，但是可以做某些事。正因為他不能樣樣都做，所以他也不一定非做什麼錯事。州長和議員們用不着向我請願，我也犯不着向他們請願。如果他們不接受我的請願，那麼我該怎麼辦呢？但是如果事到如此，州政府也就是自絕其路：它的憲法本身就是一個謬誤。這種說法似乎顯得粗暴、頑固和不容調和；但是，只有那些能夠欣賞或者接受它的人，才會最溫和、最體貼地對待它。所有的進步都是如此，正如出生和死亡，都會給身體帶來陣痛和顫慄。

　　我可以毫不猶豫地說，凡是自稱廢奴主義者的人都必須立刻撤回對馬薩諸塞州政府的人力和財力的支持，不必等到廢奴主義者在政府中形成多數，不必等到他們努力使正義通過他們佔了上風才動手。我認為，如果有上帝站在他們一邊，就足夠了，此外無須他求。而且，任何人只要比他的鄰居更正義一些，就已經構成了單個人的優勢。

梭羅認為，拒絕繳納賦稅是最簡單的抵抗方式。

我非常清楚，在馬薩諸塞州，只要有一千個人，一百個人，甚至只要有十個我叫得上名字的人——只要有十個正直的人——不，只要有一個正直的人，能夠停止蓄奴，以實際行動脫離他的奴隸主同夥，並因此被關進縣立監獄，那麼，就能在美國廢除奴隸制度。事情的開端看起來可能實在微不足道，但這沒有關係：因為只要一次做得到，便會有人一直做下去。

但是，人們卻總是誇誇其談，不見行動。梭羅說。

在一個存在非法監禁的政府統治之下，正義之士的真正棲身之地也就是監獄。今日的馬薩諸塞州，為追求自由和奮發圖強之士提供的妥當處所，也是唯一妥當的處所，就是監獄。在獄中，他們為州政府的所作所為而煩惱，被禁錮在政治生活之外，因為他們的原則已經給政府帶來麻煩。正是在監獄，逃亡的奴隸，被假釋的墨西哥囚犯和為自己種族的惡名做辯護的印第安人可以找到他們，在那個與世隔絕，但卻更自由、更尊嚴的地方找到他們。那是州政府安置不肯順從的叛逆者的地方,是蓄奴制州裡一個自由人唯一能夠驕傲地居住的地方。如果有人以為他們的影響會在監獄裡喪失,他們的呼聲不再能折磨政府的耳朵,在四壁之內他們無法再與政府為敵,那麼他們就錯了。他們不知道,真理要比謬誤強大得多,而一位對非正義有了一點親身體驗的人,在與非正義鬥爭時會更加雄辯更加有力。投下你的一票,那不僅僅是一張紙條,而是你的全部影響。當少數服從多數時,少數是無足輕重的;它甚至算不上是少數;但是當少數傾注全力進行抗爭時,便不可抗拒。或者把所有正直的人都投入監獄,或者放棄戰爭和奴隸制度,如果要讓州政府在這二者之間選擇的話,它會毫不猶豫。如果今年有　千人不納稅,這不是暴力、血腥的舉措,就像納稅不是暴力血腥的舉措一樣,不會引起政府施展暴力,讓無辜的人流血。事實上,這正是和平革命的定義,如果和平革命可能存在的話。如果稅務官或其他政府官員問我,正如有位官員曾經問我的那樣,“可是我該怎麼做呢?”我的回答是,“如果你真的希望能做點什麼的話,那你就辭職吧。”如果臣民拒絕效忠,官員辭職,那麼革命就算成功了。即使這會導致流血，難道良知受傷就不流血？從良知的傷口中流出的是人的氣概和永生，這將使他永世陷於死亡。此時此刻，我就看到這種血在流淌……

現在梭羅轉而討論公平與財富之間的矛盾衝突。

可以斷言，金錢愈多，美德便愈少；因為金錢側身於人與他的目標之間，是他目標獲得實現的手段；而且很顯然，獲取金錢也算不上什麼偉大的美德。它消除了一些他若缺乏金錢便不得不回答的問題；它提出的唯一新問題，既棘手又多餘，這就是如何去花錢。於是，他腳下的道德根基便遭到了鏟除。生活的機會在減少，同時我們所謂的"手段"卻在相應增加。一個人有了錢，他能替自己的文化做的最好的事情，便是努力實現他捱窮時所懷的計劃。

梭羅引用基督的話，說，凱撒的物當歸還給凱撒，神的物當歸還給神。

在我同我最自由的鄰居交談的時候，我發現，不管他們如何談論這一問題的重要和嚴肅，不管他們如何關注公共安定，歸根結底，就是他們不能沒有現存政府的保護，他們生怕不服從政府會給他們的財產與家庭帶來不良後果。對我自己來說，我並不覺得我要永遠靠着國家來保護。然而，如果在國家把稅單交給我時我否認了它的權威，它馬上便會奪走並浪費我的全部財產，還要無休無止地騷擾我和我的孩子。這實在惡劣。這會使人無法誠實地生活，同時從外在方面講，也無法舒適地生活。積累財富再沒有什麼價值；它終歸會被別人拿走。你只能租住或蟄居在某個地方，種一點點莊稼，然後迅速吃光。你必須保存體力，睡覺時也要警覺，隨時準備跳起來逃跑，決不惹是生非。即使在土耳其，一個人都有可能發家致富，只要他在所有方面都做土耳其政府的好臣民。孔子說得好："邦有道，貧且賤焉，恥也；邦無道，富且貴焉，恥也。"沒錯：只要我還不指望在什麼遠方的南方港口，我的自由遭遇危險時，能得到馬薩諸塞州的保護，只要我還不指望單靠和平的勞作，攢起一大筆家庭財產，我便能拒絕對馬薩諸塞州的忠誠，拒絕她對我的財產和生命擁有的權力。對我而言，因不服從州政府而受刑罰給我帶來的損失，總歸會比服從它來得更少。我覺得，若是服從了它，我便會損失更多。

現在梭羅因為拒絕向教會繳稅，應政府的要求提供了一份聲明，聲明中說，由於他不是這一教會的成員，所以他不應向它納稅。隨後，他集中筆力描述了他在監獄中度過的那個夜晚，並且指出，由於他的意志保持自由，所以這種對身體的懲罰幾乎毫無效果。

> 因此，州政府從未打算正視一個人的智慧或道德觀念，而僅僅着眼於他的軀體和感官。它不是以優越的智慧或誠實，而是以優越的體力來武裝自己。我不是天生受奴役的。我要按照我自己的方式來呼吸。讓我們來看看誰是最強者。大眾能具有什麼樣的力量呢？他們只能強迫我，而我只聽命於道德法則。他們強迫我成為像他們那樣的人。我還不曾聽說過，有人被眾人逼迫過這樣或那樣的生活。那將會是什麼樣的生活呢？當我遇到這樣一個政府，它對我說：「拿錢來，否則就要你的命！」我為什麼要忙着給它錢呢？那政府可能處境艱難，而且不知所措：我愛莫能助。它必須像我一樣，自己想辦法。為它哭哭啼啼解決不了任何問題。我的職責不是讓社會這台機器運轉良好。我不是工程師的兒子。我認為，當一顆橡果和一顆栗子一起從樹上掉下來時，其中一顆不會稍作停留謙讓對方，而是彼此遵循各自的法則，盡可能地發芽，生長，茂盛，直到其中的一棵遮蔽壓倒另一棵，並且毀掉它。植物如果不能按自己的天性生長，就會死亡；人也一樣……

梭羅繼續描述他在監獄中度過的那一夜，以及他和獄友的談話。

　　睡在監獄裡的這一夜，我彷彿在遙遠的異國他鄉
　　旅行，因為那是我從未經歷過的。我彷彿以前從
　　未聽到過市政廳的鐘聲，從未聽到過鄉村夜晚的
　　聲音；因為我們睡覺時開着窗子，窗外就是鐵欄
　　杆。我彷彿看見我的故鄉沐浴在中世紀的光線之
　　下，我們的康科德河也變成了萊茵河的溪流，眼
　　前浮現出騎士與城堡。街上傳來的聲音，變成了
　　古老的中世紀歐洲城市公民的聲音。我無意間成
　　了鄰近廚房中所有嘈雜事項的觀眾和聽眾——對
　　我而言，這是全新而罕見的經歷。這是我對自己
　　故鄉的近距離審視。我簡直進入了它的內部。我
　　以前從未看見過它的制度。這是它的一種特別的
　　制度；因為它是一個郡的首府。我開始領會到，
　　它的居民關心的是什麼……

第二天他們吃過早飯後，那位獄友到田間去勞動，
梭羅被釋放。

　　當我離開監獄時——因為有人進行了干預並代付
　　了稅款——我並沒覺得大家有什麼變化，比如從
　　年輕人一下子變成步履蹣跚、頭髮花白的老人；
　　但是這個小鎮，這個州，這個國家，在我眼裡卻
　　大為改觀，而且比僅僅由時間造成的變化大出許
　　多。我看出，我所居住的這個州發生變化尤其

大。我看出，能在多大程度上把身邊的人當作好
鄰居與好朋友來表示信任，看出他們的友誼不過
是六月天，孩兒臉；看出他們並非真的想力行正
義；看出他們的偏見與迷信，竟使他們像中國人
或馬來人一樣，和我屬於完全不同的種族；看出
他們為了規避風險，甚至規避財產的風險，不惜
犧牲人格；看出他們並不怎樣高尚，不過像盜賊
對待他們一樣來對待盜賊，希望靠表面的儀式和
幾聲祈禱，靠不時在筆直卻無用的路上走上幾
次，來拯救他們的靈魂。這樣評價我的鄰居或許
有些刻薄；因為我相信，他們中間許多人還沒有
注意到，在他們的村子裡竟會有監獄這樣的機
構。

　　以前我們的村裡有種習慣，當一個貧窮的欠
債者出獄時，他的熟人們用這種方式來向他敬
禮，從交叉手指的指縫之間向他瞧，表示透過監
獄窗戶的鐵欄杆看望他，問一聲："你還好嗎？"
我的鄰居們沒有這樣向我敬禮，而是先看看我，
再互相遞個眼色，彷彿我剛做了次長途旅行回
來。我被捕時正去一家鞋店取一隻修好的鞋。第
二天早晨我出獄時，辦完了手續，穿上修好的
鞋，加入一群收越橘的人們，他們不耐煩地聽我
指點路徑；過了半小時——馬很快就套好了——

就來到兩里開外的越橘地裡，它位於我們這裡最高的山峰之一上，在這裡，再也看不見州政府啦。

這就是"我的監獄生活"的全部。

我從不拒絕交納高速公路稅，因為我真的想做個好鄰居，而不是好臣民；至於維持學校，眼下我正盡力讓鄉鄰們受到教育。稅單上沒什麼特別項目能令我拒付。我只想拒絕效忠於州政府，只想有效地退出並遠離它。即使能夠做到，我也不想追問我的錢的去向，是買了個人，還是買了一支用來射殺人的步槍——錢是清白無辜的——我關心追問的只是，我的效忠有什麼效果。實際上，我以我自己的方式，無聲地宣佈了同州政府的戰爭，雖然我仍像通常的情形一樣，將盡我所能地對其進行利用並獲益。

如果其他人出於對州政府的同情，替我付了本來要付的稅款，他們只是做了他們自己在這種情況下已經做過的事，或者甚至助長了不公正，使其超越了州政府要求的程度。如果他們納稅是出於對被要求納稅的那個人的關心，要保護他的財產，防止他被關進監獄，這種關心也是錯誤的，因為他們沒有足夠明智地考慮到，他們聽任自己的私人情感已經給公共利益帶來了何等的影響。

　　因此，這就是我眼下的立場。不過在這種
場合，人總不能過於提防，以免因為固執或者對
人們意見的不當看法，而使自己的行為出現偏
差。他得讓自己的行為發乎內心，合乎時宜。

梭羅在此論述了自然因素和州政府之間的區別，前
者無須抵抗，而後者雖然同樣也是一種殘忍的力
量，但它是人力釀成的，因此需要不時地抵抗。他
不希望自己給政府造成的阻礙超過必要的限度。

　　從較低層次的角度看，憲法儘管有種種不盡如人
意，但還是非常好的；法律和法庭是非常令人尊
敬的，甚至這個州政府和這個美國政府在許多方
面也是非常令人敬佩、非常難得可貴、令人感激
的，對此許多人已經不惜篇幅盡情描述過了。但
是，如果從稍高層次的角度看，它們就正是我所
描繪的那個樣子。如果從更高或最高層次的角度
看，那麼有誰會說它們是什麼東西，或者會認為
它們還配讓人正眼相看，或者值得人們考慮呢？

　　不過，政府並不太關心我，我也盡可能不考
慮它。我不常生活在政府之下，我甚至不常生活
在這個世界上。如果一個人思想自由，幻想自
由，想像自由——對他來說，種種不自由絕不可
能長期存在——愚蠢的統治者或改良者們就不可

能徹底打斷他……

　　我知道大多數人不像我這樣想；不過那些終身致力於研究此類問題的人們，也像旁人一樣令我不滿。政治家和議員們，完全置身制度之內，從不能識其真相，抓住本質。他們空談管理社會，卻不能置身事外來觀察。他們或許有一定的經驗和優點，無疑也發明了些真正的甚至有用的制度，對此我們誠摯地感謝他們；但他們的全部智能和用途都只適用於一定的、不很廣泛的範圍。他們常常忘了，這世界不是靠政策和權宜之計來治理的。

梭羅認為，馬薩諸塞州的參議員丹尼爾・威伯斯特是一個明智和務實的政客，但是他不能也不願意努力推進政治步伐，或者從真理的角度來思考問題。

那些不能了解真理更為純粹的源泉的人，不能追溯其更為遙遠源頭的人，總不失明智地一心奉行《聖經》與《憲法》，並滿懷敬畏和謙卑，從中汲取養分；然而那些把它看作匯成各個湖泊的源泉的人，卻要一再整裝上路，繼續前進，到最後的源頭去朝聖。

　　在美國，還不曾出現過有立法才幹的人。在世界歷史上，這樣的人也鳳毛麟角。演說家，政治家，雄辯家，這樣的人數以千計；可他們中間卻沒有人曾開口講過，誰能夠解決當下的惱人的問題。我們喜歡雄辯是因為雄辯本身，而並非是因為它會說出真理，激發起英雄主義。我們的立法者，還不曉得自由貿易、聯邦以及正直對於國家的價值。他們沒有才智和天資，能理解稅收與財政，工商業與農業這些相當瑣屑卑微的問題。若我們只靠議員們在國會的機辯詞鋒來引領指導，卻不理會人民合乎時宜的經驗和實際有效的抱怨，美國就再不能維持自己在世界民族之林中的地位。《新約全書》已經寫出來一千八百年之久了——或許我沒有權力這樣說——哪裡有這樣的立法者，具有如此的智慧與實踐天才，能夠讓自己成為照亮立法科學的光芒？

政府的權威，即使是我願意服從的權威——因為我樂於服從那些比我淵博、比我能幹的人，而且在許多事情上，我甚至樂於服從那些不是那麼淵博、也不是那麼能幹的人——也還是不純正的權威：從嚴格、正義的意義上講，權威必須獲得被統治者的認可或贊成才行。除非我同意，否則它無權對我的身心和財產行使權力。從極權君主制到限權君主制，從限權君主制到民主制，這個進步就是通往真正尊重個人的方向的進步。即使中國的哲學家，也智慧地認識到：個人是帝國的基礎。難道民主，正如我們所知的民主，就是政府進步的盡頭了嗎？難道不可能進一步承認和維護人的權利了嗎？除非國家承認個人擁有更高的、獨立的權力，而且國家的權力和權威是來自於個人的權力，並且在對待個人方面採取相應的措施，否則就絕對不會有真正自由開明的國家。我樂於想像國家的最終形式：它將公正地對待所有的人，尊重個人就像尊重鄰居一樣。如果有人履行了鄰居和同胞的所有職責，但卻遺世獨立，冷眼旁觀，不能被它接納的話，它就坐臥不寧，寢食不安。如果，一個國家能夠結出這樣的果實，並且聽任瓜熟蒂落，那麼它就為建成更加完美、更加輝煌的國家鋪平了道路，那是我想像到、卻在任何地方都不曾看到的國家。

# 公民抗命
## 直接作用

梭羅作品的直接影響，也許可以一言以蔽之，曰：沒有。如果你想找到這句諺語——本地的和尚難唸經——的範例，梭羅倒是個合適的人選。在整個19世紀和20世紀初，梭羅的作品在美國都被忽視，直到1920年代，才進入公眾的視野。即使在那時，他也主要被看作是自然原野的歌頌者，自力更生和"回歸自然"的浪漫主義鼓吹者。在本書下一章中我們可以看到，作為一個政治思想家，他雖然在歐洲和印度影響巨大，但在美國一直籍籍無名，直到1960年代的激進主義運動，他的論文才引起重視。

梭羅的作品沒有立即引起重視，有幾個明顯的原因。它們被分為三個主要方面：演講辭的性質；對梭羅本人的理解；梭羅出版史。

在美國，梭羅早期的聲望是作為自然主義者樹立起來的，他的著作被裝訂成豪華的咖啡桌版，更適合觀賞，而不是閱讀。沒有跡象表明梭羅是一個改革主義者。

### 《公民抗命》的演講辭

也許梭羅的演講沒有產生相應影響的最明顯的原因是，他沒有制定出詳細明確的行動方案。他沒有描述改革計劃，沒有號召大家團結起來，圍繞某一問題組成團體或者政黨。他反對墨西哥戰爭，反對把逃亡奴隸歸還給南方，這些觀點對在康科德聽

奴隸制問題在梭羅發表自己的演說前二十年已經遭遇危機，而且1850年《妥協法案》是如此不得人心，也沒有什麼能夠提供一勞永逸解決方案的希望。

他演講的聽眾而言，都是無可爭議的，儘管他反對法治的觀點還沒有獲得廣泛贊同。無論如何，1848年1月，墨西哥戰爭已經接近尾聲，這說明梭羅的目的並不是直接行動。固然，他的確號召過馬薩諸塞州的居民立即停止交納稅費，但這更像是一種對安於現狀者的鞭策，而不是改革的命令。

這篇演講辭，實際上像梭羅的大部分作品一樣，是一種鼓勵而非計劃。梭羅是一位預言家，因此他指出他相信被人們普遍忽視的基本真相或原理。他不是一個政治家，政治家明確地知道如何去實現自己的政策。《公民抗命》促使人們思考自我，促使人們行動與良知保持一致，促使人們考慮"最高法律"，這在超驗主義者的世界觀裡被稱做"更高真理"。這些思想很難被翻譯成政治文件或者"12點計劃"。在《瓦爾登湖》的開頭，梭羅表明自己的目的是，"像拂曉時分的雄雞，站在自己的棲木上引吭高歌，只是為了把自己的鄰居喚醒。"梭羅播下了一粒種子。這粒種子遲遲不能發芽的原因，我們將在下一章中講到。

## 梭羅的個性

梭羅被忽視的第二個原因是他同時代的評論和報道對他個人和作品的看法。對《瓦爾登湖》一書的評價大多是肯定的，有人把它描述為"一首古典優雅的散文詩，在新英格蘭的質樸中，帶有些許東方的恢弘華麗。"另一位評論家指出："我們並不會每一天都能看到這樣的書，一個世紀裡也看不到幾本。"但是，在並不完全贊同梭羅的性格這一方面，大家倒是完全一致。許多人指出他作品中的種種矛盾：哲學性與實用性之間，個人主義與社會責任感之間，身體隔絕與社會關聯之間：整幅畫面表現了某種純潔的、理想化的、理性地自我專注的世界的景象，一位說教者俯視他的同伴的所作所為，帶着奧林匹亞諸神的超然冷漠。《波士頓地圖集》評論說，梭羅非但沒有把自己和自己的讀者視為擁有共同人性的一體，反而"天真地以為自己早已超脫這種束縛，可以俯視芸芸眾生，彷彿他們是低等部落。"

除了這些批評，還有人指控梭羅的偽善。他在《瓦爾登湖》中描寫的林中隱居，被一些人嘲笑為故

梭羅在瓦爾登湖的逗留並不僅僅是一曲田園牧歌。在《瓦爾登湖》的一個著名的段落中，他表達了自己對鐵路——他從自己的棚屋裡能夠聽到——的技術奇跡的欽佩之情。梭羅並不反對工業進步，但是他鼓勵讀者只把它看作一種手段，而不是終極目標。

作姿態。如果林中生活如此美好，那麼，一位評論家質問：他為什麼不一直呆在那兒，而是兩年後就回來了呢？批評商業企業、積累財富和周旋於社交圈是非常容易的，因為他已經"借助了文明的奇技淫巧，得以忍受這荒涼的曠野……他只是在文明的邊緣扮演原始人；一旦不能依靠自己的力量滿足對文明生活的需要，他就回到平靜的小鎮。"簡而言之，梭羅是一個假裝虔誠的騙子，一旦離開他仰賴生存的林中隱居地，就忘恩負義。

　　第一次發表《公民抗命》的《人類學論文集》，在評論中也反對梭羅的觀點，並贊同上述的一些特徵。《波士頓信使報》，是一份支持政府發動墨西哥戰爭的報紙，聲稱"我們必須驅逐梭羅先生，並真心祈禱他能儘快成為優秀的臣民"，還建議他應該到法蘭西的紅色共和國去宣傳佈道。另一位評論家宣稱，梭羅會使"每個人拒絕履行向政府效忠的義務，無論政府的哪一條法律違背了他的良知。"——這完全誤解了梭羅的真實意思——他們指出梭羅還乞靈於《新約全書》，或者"《新約全書》中看起來和他自己的觀點一致的那一部分"，這再次證明

詹姆斯·拉塞爾·羅尼爾，是美國文學界顯責的典範。儘管如此，梭羅的傳記作者，亨利·肖特依然批評他三十年前出版的關於梭羅的論文，認為它是一部"充滿敵意的、含沙射影的傑作"。

了梭羅的偽善。直到1866年梭羅的隨筆結集出版，評論方面的情形也沒有什麼好轉。《基督教登記簿》（Christian Register）把它描寫成"不切實際的、半瘋狂的理論化"嘗試，而《費城詢問者》則把它視為"說教式的謾罵"而加以拒絕。

梭羅去世以後，他的批評者們出版的兩篇論文，更加強化了他在公眾心目中乾巴巴、缺乏幽默感、堅忍克己、冷漠離群的形象。詹姆斯·拉塞爾·羅尼爾，哈佛大學當代語言和文學教授，和梭羅幾乎完全生活在同一個時代。在墨西哥戰爭爆發後不久，他就創作了《比格羅詩稿》（The Biglow Papers），嘲諷攻擊支持奴隸制的團體和政府，1865年10月，當他在《北美評論》上寫作關於梭羅作品的評論時，他已經是美國最著名的文學評論家。在這篇評論中，他稱讚愛默生是獨立於英語思想的美國文學與美學的源泉，宣稱"如果曾經有人懷疑過，民主制度能否培養出一位紳士，那麼問題肯定已經得到了最終的解決。"對於梭羅，他則吝於褒獎，把他描寫成一位自負、缺乏幽默感、易怒的人，認為他永遠自詡思想和觀念的獨創性，其實只不過是追逐錯亂反常和自相矛盾本身而已，而且完全缺乏完成一部作品所需要的藝術能力。羅尼爾嘲笑梭羅對自然和自然法則的讚美是一種感傷的尚古主義，並且攻擊他的憤世嫉俗："與普通人保持更多親密穩固的關係將對梭羅大有裨益，因為這可以向他展示，有多少優秀品質普遍存在於人類種族中。"對梭羅偽善的指責也再次出現：

> 他盤踞在別人的土地上；他借來斧頭；他的木板，他的釘子，他的磚塊，他的灰泥，他的書籍，他的燈，他的魚鉤，他的犁，他的鋤頭，都成為政府反對他的證據，成為人工文明的罪惡的幫兇，但也正是這些東西，確保像亨利‧D‧梭羅先生這樣的人物的生存成為可能。

羅尼爾後來曾先後擔任美國駐西班牙和駐英國公使，他對梭羅的厭惡政治合約這一點也進行了聲討：

> 當他滿懷敬意地研究水貂和土撥鼠以及他的鄰居的時候，卻極度輕蔑地冷眼旁觀命運的正劇，在這場正劇中，他的國家就是舞臺，舞臺上的大幕已經徐徐升起。

羅尼爾的輕蔑並非僅此一端，梭羅攻擊羅尼爾所代表的上流社會和文明的價值，對此羅尼爾也作出怒氣沖沖的反應。而且他所謂"命運的正劇"，顯然是指西部開發的"領土擴張命定說"，其野蠻和帝

梭羅的玻璃乾版照片，拍攝於1861年，可以看出他滿面病容。拍攝這張照片時他年僅44歲，但是和5年前的1856年的那張銀版照片（見第6頁）相比，變化是驚人的。

國主義特性，梭羅早在它們出現之前兩代就預見到了。儘管如此，這篇論文還是基本奠定了眾人對梭羅其人其書的普遍看法。

## 梭羅的廬山真面

如果仔細閱讀梭羅的著作，就會發現，許多針對他的批評其實不攻自破。梭羅在《瓦爾登湖》裡列舉了大量的事例來告誡讀者要自我思考："我任何時候都不會把自己的生活態度強加於人。"他也確實把自己和其他人聯繫起來（"我鼓吹的是人性，而不是自我"），他的目的不是把自己拔高為超人，而是現身說法，證明考察我們如何生存和關注"人的神性"的重要性："也許直到失去整個世界，我們才會開始探索自我，才會意識到我們身處何方，以及我們的聯繫的無限可能性。"他這樣解釋自己離開瓦爾登湖的原因："我應該擁有好幾種生活，我不能在這一種上花更多的時間。"

甚至那些認為他一邊享受社會和市政府帶來的好處、一邊試圖破壞它們的譴責，也能夠用梭羅自己的話來回答。首先，他在《公民抗命》中說，只有重要的事情才應該拒絕遵守法律發表演講；他所聲稱的政府機器中的小"摩擦"並不值得擔憂。其次，梭羅並沒有把合法政府一並拋棄。他不是一位無政府主義者，也從未參加過任何無政府主義團體。（正如我們所知，他根本就沒有參加過任何政治團體；即使他對加里森廢奴主義者抱有同情，即使他自己出身在一個廢奴主義者家庭，他也決不是加里森組織中的成員。）他那著名的演講的開頭引用了一句格言——"最好的政府是根本不進行管理的政府"，但是在整篇演講中我們可以看出，這其實只是一個千禧年願望，而不是具體的建議。梭羅說，等到人性日臻完美、每個人都能和道德法則保持一致的時候，就不再需要任何政府了。到那時，他將愉快地贊成法律規定，但也不是毫無條件。他關於這一立場的聲明表現出一種優雅的自嘲："我以我自己的方式，無聲地宣佈了同州政府的戰爭，雖然我仍像通常的情形一樣，將盡我所能地對其進行利用並獲益。"也就是說，在絕大多數日常事物中，你可以做出符合州政府及其法定要求的實用主義的決定，但是，這並不意味着，當你的道德準則陷入危機時，你無權拒絕效忠。

但是，另一次重要的演講似乎並不鼓勵仔細閱讀梭羅的作品。這就是他的良師益友愛默生在他的葬禮上宣讀的那篇字斟句酌的悼詞，1862年8月發表在《大西洋月刊》雜誌上。在評價梭羅的性格之前，愛默生首先列舉了他這位朋友的一些生平事蹟：

愛默生的悼詞給人這樣一種印象：梭羅對康科德的依戀是一種鄉下人的怪癖。愛默生文章的誤導作用從《紐約時報》的一篇評論中可以看出來，文章說，梭羅"這個精靈古怪的傢伙"居然從未寫過一本書，並對此深表遺憾。

*他沒有賴以餬口的職業；他從未結婚；他單獨生活；他從不去教堂；他從不投票……他不吃肉，不飲酒，不知煙草為何物……他沒有理財的天賦，但知道如何在貧窮中免於骯髒和粗俗……他與世無爭；他沒有食慾，沒有激情，沒有上流社會的閑情逸致。*

這幅畫像被賦予了如此凜然不可侵犯的色彩，所以，發現梭羅沒有什麼親密朋友也就不足為奇了。

*在聽到某一種主張時，爭論似乎是他的第一本能反應，他對我們日常思想的局限性是如此缺乏耐心……因此，面對如此一位聖潔坦蕩的君子，幾乎沒有什麼人能平等地和他保持親密關係。"我熱愛梭羅，"他的一位朋友說，"但是我不能喜歡他；抓住他的手臂時，我會馬上聯想到抓住的好像是榆樹的枝幹。"*

這時愛默生顯得有些覷腆，人們也懷疑這裡所說的朋友不是別人，正是愛默生自己，而且在他的日記裡，也出現了關於榆樹的注釋。

愛默生還注意到了梭羅的一個習慣，即總是用他的家鄉康科德的標準來判斷所有事物，他把這稱為"對其他所有地區漠不關心的信念的有趣表現，每個人都認為他所呆的地方就是最好的地方"，但是正是這種狹隘的地域性吸引了讀者。最後，對於梭羅的超然物外，愛默生也表現出了一定程度的失望：“因此，對於他放棄這世間少有的實幹才能，我深感遺憾，我實在忍不住要指出他的一個缺點，那就是他沒有遠大抱負。因為缺乏這一點，所以他就無緣為全美國做管理設計，而只能是一個越橘採摘隊的隊長。”

路易莎‧梅‧奧爾科特（Louisa May Alcott）對愛默生在梭羅葬禮上的論調表示遺憾，但是即便如此，愛默生對梭羅的看法仍逐漸成為被廣泛接受的觀點。

也許這篇演講最令人驚異的地方還是在於它對梭羅的著作幾乎隻字未提。愛默生根本沒有提及梭羅的文學事業，沒有評價他已經出版的著作，他確實引用過一段文字，這唯一的一次引用還是摘自他沒有發表過的日記，這更加強化了梭羅僅為自己寫作的印象。這樣呈現在大家眼前的就是一幅心存成見的、反社會的、地域性的、禁慾的隱居者的畫像。作為一齣專業的、親自上陣的賣友劇，它的表演水平可以說是無以復加。

葬禮悼詞中的這種冷漠無情（也可以說是敵意）的論調，其根源就在於1849年左右出現在兩人之間的疏遠隔閡，這一點我們在前面的章節中已經提到。當地的聽眾可能還記得他們的爭吵，因此也應該能對愛默生的評價做出自己的判斷。路易莎‧梅‧奧爾科特參加了葬禮，事後她在寫給一位朋友

A WEEK ON THE CONCORD
AND MERRIMACK
RIVERS

BY

HENRY DAVID THOREAU

BOSTON AND NEW YORK
HOUGHTON MIFFLIN COMPANY
The Riverside Press Cambridge

1853年，梭羅在日記中寫道，他已經擁有900多冊藏書，其中700冊是他本人所著，指的就是出版商退給他的那些沒有售出的《在康科德和梅里馬克河上的一週》，話中不無自嘲。

的信中指出，這篇悼詞"無論時間還是場合都極不合適"。但是，這篇傳略的讀者群遠不止當地人，在梭羅去世後的一個世紀裡，在他的著作的兩個主要版本中，它都充當了前言介紹文字，而且直到今天，還不斷被廣泛編選和重印。沒有相關背景知識的讀者閱讀這篇文章時，非常容易接受這些表面信息形成先入為主的第一印象；而愛默生本人又是19世紀美國文學的偉大人物之一，他的觀點自然很有分量。梭羅不能挨家挨戶去為自己辯護。愛默生的演講對梭羅在當代的聲譽造成的損害幾乎無以復加，而梭羅只是一個浪費自己才能的二流人物的謊言，在其去世後的幾十年裡，也極大妨礙了他的有鑒賞力的讀者群的出現。

## 梭羅的出版歷史

梭羅被忽視的最後一個原因聽起來比較世俗：如果想要有人閱讀，你就必須出版。梭羅的第一本書，《在康科德和梅里馬克河上的一週》，是他在1849年自費出版的，這在當時也是一種慣例。不過，這本書印量很少，而且只售出了總印數的五分之一左右，這使梭羅負債纍纍。他的第二本書，《瓦爾登湖》，出版於1854年，還比較成功，但這是梭羅出版的最後一本書。他和出版商在出版論文問題上發生了爭吵，這意味着在他有生之年再也沒有什麼東西以書籍形式面世。要知道1906年出版的梭羅作品全集已經達到20卷之多，其中除了那些發表在雜誌上的之外，大部分文字都是梭羅從未想過要出版的。《公民抗命》收錄在《人類學論文集》中，但是這本雜誌影響甚微，它的創刊號後來被證明是唯一的一期。幸運的是，梭羅去世以後，他的朋友和追隨者付出了極大的努力，將他遺留下來的手稿資料進行整理出版。1860年代，他的好幾卷論文問世，但是儘管他們繼續使用梭羅的名字，銷量仍然很不理想。1880年代人們對自然寫作的興趣日益高漲，霍頓·密夫林公司借機出版了梭羅的《馬薩諸塞州早春日記》的節選本。三本其他季節的日記隨後也出版了，梭羅開始贏得大量讀者。1892年他的10卷本全集出版，1906年，20卷本全集出版，其中包括14卷日記。雖然如今人們對梭羅的興趣有所減弱，但他的作品至少隨處可以買到。儘管如此，在他自己的國家，他仍然被看作是一位自然作家和簡單生活的鼓吹者。而能夠理解和欣賞他作為一位政治思想家的重要性的國家恰恰是 —— 這可能會令梭羅有些沮喪，正是它導致了他和愛默生之間的爭吵 —— 英國。

# 公民抗命
## 深遠影響

### 梭羅與英國社會主義者

雖然在美國，梭羅陷入了"感情用事"的惡毒攻擊之中，或者在通信時被改造為環境保護主義者的先驅，但是在英國，他的政治思想被方興未艾的社會主義者運動奉為圭臬。就像梭羅許多其他事蹟一樣，他在這個方面的影響也被不同程度地誤解和誇大。梭羅的一位傳記作者在20世紀早期曾坦率地說："英國工黨，威廉·莫里斯和馬克思的產物，把《瓦爾登湖》視為自己信仰的口袋本旅行版《聖經》。"另一位作家也論及梭羅對英國工黨運動的"巨大影響"。梭羅在英國享有盛名要比在美國獲得同樣的聲望早很多，雖然說起來事實的確如此，但是他的影響還是沒有像上述引語中所說的那樣大。

這種誤解的部分原因可能在於英國維多利亞時代晚期的社會主義者的政治活動的複雜性。英國的社會主義開始於羅伯特·歐文在19世紀早期開展的合作社運動，並在1850年代的人民憲章運動中繼續發展。但是，到了1880年代，由於大量政見不同的小宗派的出現，形勢開始變得複雜。1881年，英國社會民主聯盟（SDF）成立，由H·M·海因德曼領導，他是一個馬克思主義者，儘管他對馬克思主義的解釋惹得馬克思本人大為不快。社會主義聯盟成立於1884年，是從社會民主聯盟中分離出來的，由威廉·莫里斯領導，莫

威廉·莫里斯，維多利亞時代英國偉大的戰士之一，根本沒有時間像梭羅那樣置身於社會生活的鬥爭風暴之外。

莫里斯的社會主義聯盟只是英國工黨運動中許多小宗派之一。這張照片拍攝於莫里斯家的花園中，包括莫里斯本人和他的妻子女兒。

里斯更像是一位民族社會主義者，而非馬克思主義者，他關心資本家和勞工之間的鬥爭，更關心社會主義者承諾的生活質量。此外還有費邊社（Fabian Society），這是一個中產階級知識分子團體，處於比阿特麗斯·韋伯和西德尼·韋伯（Beatrice and Sidney webb）夫婦領導之下。此外還有其他一些更小的社團，比如新生活會和聖馬修英國國教行會等。1893年，工人階級的獨立工黨成立。這些政黨除了要對付他們共同的敵人——資本主義——以外，彼此之間也經常發生衝突。比如，社會民主聯盟主張在議會中爭取工人階級的代表席位，而社會主義聯盟則認為議會是一個腐朽墮落毫無價值的機構，應該徹底被反對民主程序主張暴力運動的無政府主義者取代。簡而言之，英國的"社會主義"是一個多頭怪物，因此很難説哪一個思想家能夠完全統治這些不同的宗派。

沒有證據表明莫里斯曾經受到梭羅的影響（在莫里斯的絕大多數傳記中都沒有涉及到梭羅）。莫里斯閱讀了《瓦爾登湖》，他認為，梭羅更接近於是人類生活的旁觀者，卻很少考慮自己同胞的利益：

> 經驗告訴我，如果一個人謹小慎微，不去關注他人，而只是關注物質，他很有可能過上舒適的生活；那些依賴物質的人也是如此。但是大自然不允許這樣做……

亨利‧喬治（Henry George）的著作《進步與貧困》（Progress and Poverty），出版於1879年，是政治經濟學領域被最廣泛閱讀的作品之一。他主張土地國有化，徵收簡單的財產稅，以取代其他各種資產和勞動力稅，他的論點對歐洲激進思想家產生了重大影響。

也沒有跡象顯示韋伯夫婦和海因德曼受到了梭羅的影響。比他更為重要的另一位美國人是亨利‧喬治，當時許多社會主義領導者都閱讀他的著作《進步與貧困》，1882至1883年，他在英國進行了巡迴演講。儘管如此，我們這裡還是要集中考察社會主義政治活動中的三位重要人物，他們明確地同意梭羅的政治思想，其中一位還在把梭羅推向世界舞臺時擔當了重要角色。

### 羅伯特‧布拉奇福特和愛德華‧卡彭特

羅伯特‧布拉奇福特（Robert Blatchford）是一名新聞記者，1889年閱讀了海因德曼和莫里斯的《社會主義原理提要》（A Summary of the Principles of Socialism）之後轉變為社會主義者，後來成為獨立工黨的創始人。他在《曼徹斯特周報》——後來在自己的報紙《號角》（The Clarion）——寫作每週專欄，在英國工人階級中大力普及社會主義思想。布拉奇福特曾經閱讀過《瓦爾登湖》，梭羅生活簡單化和為人類生存尋求更多"精神化"空間的主張，都與他的社會主義信仰合拍。1893年，他出版了一本書，《快樂英國》（Merrie England），介紹他的社會主義為什麼是必要的、應該建立什麼樣的國家等觀點。在書中不難看出梭羅的影響：

*生活中除了吃喝別無他物，工作並不是人類的生活—— 那是野獸的生活。那種生活不值得去過。如果我們為了生存而終日勞苦，日日夜夜都遭受奴役，那麼我們最好馬上打破這奴隸制的痛苦鎖鏈，並且死去。*

《快樂英國》由於深刻的絕望和缺乏政治詭辯（未來的工黨領袖麥克唐納認為，這就像一個人通過描述獨輪手推車來向別人解釋什麼是汽車），被一些地方拒絕，但是它一便士一本的小冊子售出了200萬冊，成為為社會主義爭取同情者的重要工具。布拉奇福特向他的讀者推薦《瓦爾登湖》，同時也把梭羅介紹給廣大的英國公眾。

愛德華·卡彭特（Edward Carpenter）出身於一個生活舒適的中產階級家庭，在劍橋大學接受了教育，還在那裡成為三位一體會的成員並接受了神職。但是，卡彭特的浪漫主義和個人主義氣質，很快就和維多利亞時代劍橋大學中令人窒息的刻板教條格格不入。1874年，他辭去了神職，開始在英國北部發表演講，這是大學函授教育的一部分，旨在教育婦女和工人。教學生涯使得他開始接觸工人階級的生活，刺激了他關於人類自由和平等的思想，這種思想在他出版於1883年的惠特曼風格的散文詩《走向民主》（Towards Democracy）中達到頂點。

《號角》是羅伯特·布拉奇福特於1891年創刊的一份週報。它採用通俗、平民化的風格，旨在向工人階級介紹社會主義思想，《快樂英國》一書在結集出版以前，就是在這份報紙上連載的。

TOWARDS
DEMOCRACY

(1983)

Edward Carpenter

磨坊村，位於英國北部，是愛德華·卡彭特建立的一處社會主義烏托邦社區，和美國超驗主義者的試驗社區小溪農場相類似。《走向民主》表現了卡彭特對社會主義生活的具體而微的理想。

同一年，他用自己繼承的父親的遺產，在謝菲爾德附近的磨坊村（Millthorpe）購買了一些土地，和一群男女工人一起採用原始共產主義的生活方式來生活。卡彭特曾閱讀過梭羅的作品，對他的思想印象深刻（他送給莫里斯一本《瓦爾登湖》，並在1844年到瓦爾登湖朝聖）。從卡彭特所採用的生活方式中可以明顯看出梭羅的影響，在他的著作中，對梭羅語言的引用也隨處可見。

卡彭特認識很多當時的社會主義領袖人物，比如海因德曼和莫里斯，他資助社會民主聯盟（SDF）刊物《正義》（Justice）的出版，後來又加入了莫里斯的社會主義同盟。他發表演講、寫作論文來支持多項進步事業，包括女性權利、性別改革、以及產業重組等等。《走向民主》多次再版，成為年輕的激進主義者的《聖經》。他還創作了社會主義的讚美詩《英國，起來！》（England Arise），1960年代中期在倫敦召開了共產主義青年團會議，這次會議上人們還演唱了這首歌。和梭羅一樣，卡彭特也認為個人的自由最為重要，他的社會主義觀點着眼於小地區群體和每個人的自我認識。雖然也支持布拉奇福特的獨立工黨，但是卡彭特逐漸從社會主義者的政治活動中抽身而退，因為它已經發展為民族運動。儘管如此，由於他對中產

愛德華·卡彭特1905年攝於磨坊村。卡彭特和梭羅一樣，都被看作是古怪的隱居者。但是他的社會主義理想除了物質上平等以外，還包括性自由和社交自由，這為他贏得了大批追隨者。

階級認為可敬的那一套東西的反叛（他的素食主義，他穿的涼鞋，他公開的同性戀傾向，都使資產階級社會反感），卡彭特不僅是他那個時代的個人自由的重要象徵，還是後來一些作家的代表，比如E·M·福斯特（E.M.Forster）和D·H·勞倫斯（D.H.Lawrence）。

## 亨利·肖特

在梭羅的三位英國社會主義擁戴者之中，亨利·肖特（Henry Salt）是最重要的一位。和卡彭特一樣，肖特的職業生涯也開始於英國權威社會的堡壘——伊頓公學，他在那裡擔任牧師。但是，到達伊頓沒有幾年時間，肖特就開始質疑他生活其中的這個世界的價值，他發現幾乎沒有學生對智力問題感興趣，在伊頓新思想被徹底禁止，生活的最高法則就是"可敬"。肖特的姐夫，J·L·喬尼斯（J.L.Joynes），也曾是伊頓的牧師，但被迫辭職，因為他出版了一本小冊子，描寫他一次陪伴美國人亨利·喬治在愛爾蘭發表演講時，由於煽動公眾情緒引起混亂而被逮捕的情形。喬尼斯很快成為社會民主聯盟（SDF）的重要成員，並且把肖特介紹給了一批社會主義者的領袖人物，比如莫里斯、海因德曼、埃利諾·馬克思和卡彭特。肖特閱讀了卡彭特的文章，從而接觸了梭羅的作品——也接觸了他的生活簡單化的思想。在自傳中，他提到了這個

發現：

　　　*去除那些讓我們礙手礙腳的絕大部分裝飾物，過上比我們在上流社會中所夢想的更簡單更樸素的生活，這些都是可能的。*

1931年甘地（Gandhi）在倫敦參加了一個素食主義者的集會，肖特榮幸地被安排在他右邊的座位上，因為甘地年輕時從他的書中找到了靈感。

　　肖特辭去了他在伊頓公學的職務，退隱到薩里的一座小村莊中，在那裡，他開始認真研讀梭羅的著作。他的來訪者之一是朱普（W.J.Jupp），一位熱心的梭羅迷，他曾經把自己自傳中的一章——〈旅行者〉獻給梭羅。他不僅指出梭羅是一位自然主義者，還肯定他是一位"不屈不撓的思想家和真理探尋者"。朱普是新生活會的特許成員——它更像一個超驗主義者團體，而非社會主義者團體——除了社會政治和經濟改革之外，它還堅持道德的必要性——這種思想很容易和梭羅的改革文章緊密聯繫起來。肖特的姐夫喬尼斯也是新生活會的會員，他鼓勵肖特繼續對梭羅作品進行研究。

　　肖特第一篇研究梭羅的文章於1885年發表在社會民主聯盟（SDF）的雜誌《正義》上。他介紹了梭羅的生平和《瓦爾登湖》，讚揚了梭羅的改革主義者原則：

　　　*在那些批評大西洋彼岸政府和社會的反常與暴政的所有美國作家中，沒有人比亨利·梭羅更犀利。雖然他不是一名專業的社會主義者，但是他更注重人類個人的能力，所以，梭羅值得每一個社會改革者學習。*

肖特隱居到英國南部薩里的一個小村莊裡，這使他有足夠的時間思考和寫作，在他的兩卷本自傳裡，我們可以看到，他終生支持各種進步事業。

儘管這篇文章大力鼓吹梭羅，但正如我們所看到的，沒有證據表明他引起了社會民主聯盟（SDF）或者它的領導者的太多注意。這也許不足為奇。社會民主聯盟（SDF）總是僅僅從馬克思主義和唯物主義的角度來看待自己的任務，它的主要目標是集體的政治活動，促進有利於工人階級的經濟改革。梭羅也許是太過個人主義，因而不能吸引英國改革者的這一派別。當然，肖特也開始遠離這些空談的社會主義，從更廣闊的角度研究梭羅的理論對於改革運動的實用性。

第二篇論文寫於1886年，考察了梭羅的主要哲學思想，論述了"人的完美性"以及個人的重要性。這篇文章把人們的注意力明確地引導到《公民抗命》上。肖特發現此刻他最需要的是一份梭羅的準確真實的傳記，為了獲得第一手資料，他給美國的那些認識梭羅或者熟悉梭羅工作的人寫信。肖特寫這部著作的目的，正如他在寫給丹尼爾·理克特森（Daniel Ricketson）——梭羅的一位朋友——的信中所說的，是：

*解釋，而不是通常意義上的批評。我認為，面對梭羅這樣一位天才的真實的人，批評家的任務是心懷感激地接受他，而不是對他的局限性吹毛求疵。*

肖特的傳記1890年出版，他當然也指出了梭羅性格上的缺點和過失，但不像他的那些美國同行，肖特對梭羅的思想做出了贊同的評價。他認為梭羅是一位深思熟慮的藝術家，這和羅尼爾筆下的那個雞零狗碎的作家形象正好相反，肖特把這主要歸結於梭羅的寫作風格，他的幽默，和他對似是而非的悖論的喜愛。他把梭羅的思想和愛默生的思想區別開來，洗清了別人關於他是那位老人的模仿者的指責。比其他人更為敏銳的是，肖特認識到梭羅生活哲學的中心要點：

> *每一個人的內心，都有空間發展它自己獨特的個性，追隨它自己自然氣質的傾向，而不是在生活的鬥爭中被扭曲和破壞。*

肖特強調《公民抗命》的重要性，確認它的激進主張：社會"通過個人的努力"來"改造"。他還總結性地宣稱：梭羅已經做出了"有史以來最有力的反抗，反抗生命和文學中的不自然，它正是我們複雜的文明面臨的主要危險之一。"

肖特編輯了梭羅的《反對奴隸制和改革論文集》，還編輯了《梭羅選集》，並於1895年出版。他的意圖是盡可能地讓更多的英國讀者了解梭羅。1896他修訂了《亨利‧戴維‧梭羅的一生》，並出版了普及本。肖特逐漸成為著名的戰士，他為對待動物仁慈、素食主義、監獄改良、世界和平而戰，他還寫作了大量自然研究方面的書。在他所有的文章中，都可以看出梭羅式特性的強烈影響。

1890年，年輕的甘地在倫敦，十足的英國紳士。

肖特的傳記在第一次印刷時銷量並不大，但是在隨後的70多年裡，它是研究梭羅生平和思想的最重要的資料來源。對於許多梭羅迷來說，時至今日它仍然是對梭羅思想的最好最全面的評價，仍然不斷印刷。即便它已經被擱置在歷史的架子上並被遺忘，仍然可以確保它對於今日之梭羅評價的重要性，因為1907年有一個人閱讀了它，這個人就是在南非工作的印度律師，莫罕達斯·K·甘地（Mohandas K Gandhi）。

## 梭羅和甘地

任何一個在1900年之前遇到甘地的人，都不會想到將來他會成為那樣一個舉世聞名的公眾人物：一個民族的精神和道德領袖，一個敢於抵抗大英帝國強權的人。甘地1869年出生於印度古吉拉特，是一位地方政府官員的六個孩子中的一個。他年幼的時候，無論是在做學者還是做領袖方面，都沒有表現出什麼特別之處，但是他的父親去世之後，他被家族挑選出來，當作最適合獲取專業資格以供養兄弟姐妹的孩子，那時他16歲。1888年，他被送往英國學習法律。

甘地到達英國時，他的外表遠不是我們所想像的、絕大多數人熟悉的裹着纏腰帶的樣子。他的服裝幾乎是對英國紳士風度的拙劣模仿，戴着絲質禮帽，穿着鞋罩和上等牛皮靴—— 甚至還有一支鑲銀的手杖。他學習的課程有法語、舞蹈、小提琴以及演講術，雖然這些課程持續時間都不長，但他對於衣着打扮的刻板講究在他離開英國以後，還保持了很多年。甘地在衣着和其他方面嘗試西化的努力，可能正是一個身處異國的年輕人對本國文化缺乏信心的象徵。他的英語並不流利，沒有太多錢，還非常害羞。他的另一個問題是素食主義，這在當時的英國還並不常見，他的女房東提供給他的伙食經常寡淡無味難以下咽。終於，他找到了一家素食飯館，不僅享受到了第一餐正常的飯菜，還發現了亨利・肖特的《素食主義辯詞》（Plea for Vegetarianism），它把飲食與道德、宗教聯繫起來。這本書激勵甘地開始關注飲食、健康和宗教之間的關係，並持續終生。正如我們所知，這並不是肖特的著作最後一次對他產生影響。

甘地在英國的主要目的是學習法律，在這方面他顯然是成功的，1891年他取得了律師資格。但是，他回到印度後並沒有取得預期的成功，因為他對印度法律知之甚少，也缺乏實際從業經驗。他幾乎不能維持生活——直到1893年被邀請到南非，為在當地開展業務的印度商行服務。表面看來，這份例行公事的工作和倫敦培養的高級法律顧問的期待值相去甚遠，但實際上，正是這次經歷，使甘地從一名失敗的律師轉變

成了20世紀最具超凡神力的著名人物。也正是在南非，甘地第一次開始注意到亨利·梭羅。

## 南非

如果説甘地初到英國時內心也曾紛擾不安，那麼這與他第一次到達南非時的震驚相比，簡直不值一提。他到達一星期後，乘坐火車從德班到比勒陀利亞旅行，由於他的膚色，一名白人乘客抗議與他呆在同一節車廂裡。甘地持有頭等車廂的車票，拒絕離開，結果他被一名警察使用暴力從火車上扔了下來。這是甘地此後多次遭受的羞恥侮辱待遇中的第一次，也是在南非的印度人一直遭受和溫順默認的待遇。甘地已經習慣於像大英帝國其他臣民一樣被平等對待，他已經自由地融入了英國社會，沒有一點種族歧視思想。但在南非，印度人不僅要屈服於社會的羞辱，還要成為敵意立法的犧牲品，法律剝奪了他們的投票權，税收不公平，還禁止他們在這個國家裡自由搬遷。

甘地開始投身於反對這些充滿歧視的法令的戰役，他在法庭上據理力爭，在報紙上大聲疾呼，向倫敦的英國當局遞交請願書。他從一名羞怯的法律顧問轉變成了一名老練的律師和政治發言人，他運用一系列不同的手段吸引公眾注意，鼓動大家反抗南非的不平等。甘地針對在南非的印度人創辦了一份報紙——

甘地1900年在約翰內斯堡。他初到南非被歧視的經歷使他變得激進，並下定決心為維護印度同胞的利益而戰。

作為一名成功的律師，甘地擁有一定的收入和社會地位，他憑此條件領導南非的印度人民組織起來反對南非當局的壓制政策。

《印度輿論》（Indian Opinion），並為之籌措經費，提高他們對不可忍受的現狀的認識，鼓勵他們起來反抗。1894年他幫助組織了納塔爾印度人大會，直接處理印度人的冤屈不平。他到倫敦，親自向政府高級官員陳情。所有這些手段，在他1914年回到印度以後的政治活動中，都將再次使用。但是，甘地最著名、在某種意義上也是最有效的手段卻是：非暴力抵抗，或者公民抵抗。這一手段把他和梭羅緊密聯繫在一起。

## 薩提亞格拉哈（Satyagraha）

甘地大約在1906-1907年間的某個時間閱讀了《公民抗命》，但是具體時間眾説紛紜。在一封甘地寫給亨利·肖特的信中，落款時間為1907年，暗示這篇文章已經由一位朋友送給了甘地。當然，它給他留下了深刻的印象：

> 這篇文章看上去是如此令人信服和真實，以至於我覺得需要對梭羅了解更多，我找到了你寫的他的生平，他的《瓦爾登湖》，以及其他一些短文，所有這些我都懷着極大的興奮去閱讀，並且受益匪淺。

在這一時期，甘地致力於組織他的第一次公民抗命戰役，抗議1906年的亞洲人登記法令。這是德蘭士瓦省政府提出的，要求每一個印度移民去政府登記並留下指紋。甘地在納塔爾召集印度人集會，抗議這項帶有貶低性歧視性的法律，那些參會者發誓，絕不服從這項登記法令並自願承擔後果。1908年，甘地本人因為鼓動印度人不去登記，被監禁兩個月——這是他第一次入獄，在以後的政治生涯中他還屢屢被監禁。正是在這次監禁期間，在大量其他工作之餘，甘地閱讀了肖特的《亨利·戴維·梭羅的一生》。

梭羅文章和甘地思想之間的確切關係很難界定。公民抵抗不公正的思想並非來源於梭羅：這種行為在印度文化中有悠久的歷史。比如說，一種叫做dharna（長坐絕食）的行為就被債權人用來討回欠款。債權人坐在欠債人的門口絕食，也許會持續好幾天，直到欠債人羞愧難當還回欠款。有記載表明在中世紀，一群臣民就集體長坐絕食，運用dharna的方式抗議統治者的不公平的法令。離甘地的時代更近一些，在1860年，也發生過群眾抗議強徵所得稅的事情，包括通過儀式破壞所得稅的形式。因此，或多或少的公眾非暴力抗議傳統，可以說是印度文化的一部分。

甘地在梭羅以及其他西方作家的作品中所領悟到的東西，幫助他把這些公民抗命的傳統方式集中提煉成一個明確的學說：薩提亞格拉哈（Satyagraha），意思是"真理的力量"。甘地討厭"積極"抵抗的思想，這會使他聯想到抗議者處於弱勢，而且，關於面對高壓政府時個人的力量的思想，在梭羅的文章裡他也會尋求到大量支持。對於甘地而言，薩提亞格拉哈就是"積極的"行動——這是一種勇敢的、鍾情於用精神去抗衡謬誤的行動。它基於這樣一種信念："通過自身受苦來征服敵人"，並把入獄看作這一行動的必要組成部分。在德蘭士瓦運動開始的時候，他寫道：

> 我們相信，如果德蘭士瓦的印度人能把革命堅持到底，他們會很快掙脫枷鎖，獲得自由。那時監獄將變成一座宮殿。被捕入獄將使他們聲名日著，而不是蒙羞。

甘地關於薩提亞格拉哈的說明，鼓舞了印度人的自信，促使他們擺脫了馴服的僕從的角色。入獄成為他們堅定追隨真理的明證。我們不可避免地會想起梭羅的那段話：

> 在一個存在非法監禁的政府統治之下，正義之士的真正棲身之地也就是監獄。今日的馬薩諸塞州，為追求自由和奮發圖強之士提供的妥當處所，也是唯一妥當的處所，就是監獄。在獄中，他們為州政府的所作所為而煩惱，被禁錮在政治生活之外，因為他們的原則已經給政府帶來麻煩。正是在監獄，逃亡的奴隸，被假釋的墨西哥囚犯和為自己種族的惡名做辯護的印第安人可以找到他們，在那個與世隔絕，但卻更自由、更尊

*嚴的地方找到他們。那是州政府安置不肯順從的*
*叛逆者的地方，是蓄奴制州裡一個自由人唯一能*
*夠驕傲地居住的地方。*

　　薩提亞格拉哈開始只是某種情形下的自發行為，甘地將它轉化成自覺的理論。梭羅和其他西方作家，比如說托爾斯泰和羅斯金，在這個轉化過程中發揮了重要作用：甘地從梭羅的理論中為自己在南非的活動找到了"科學依據"，1907年他還在自己的報紙《印度輿論》上刊登了《公民抗命》的摘要。甘地在自己的文章中經常引用梭羅的話，而且直到1931年，羅傑‧鮑德溫（Roger Baldwin）——美國公民自由協會的創立者之一——報告說，當他和甘地一起去法國參加會議時，甘地在途中還隨身攜帶了一本梭羅的文集。

羅傑‧鮑德溫，只是偶然遇到甘地，他證實了甘地對於梭羅學說和作品的持久的敬意。

*　　（甘地）認為……梭羅第一個向他揭示了公民*
*抗命的策略，他借用了這個名稱，並賦予它道德*
*上的依據。*

　　在這兩位思想家之間還存在着另外一層重要關係。梭羅熱衷於閱讀東方神秘主義作品，他閱讀的吠陀文學作品很可能和甘地一樣多；1841年，他閱讀了《法經》，當時才24歲，1845年在他瓦爾登湖旁邊的棚屋裡，他又閱讀了《薄伽梵歌》。他在日記中寫道：

*　　《新約》以其純粹的道德而卓越非凡，《吠陀經》*
*則以其純粹的理性而盡善盡美。沒有什麼能像《薄伽*

梭羅被印度神秘主義傳統作品深深吸引。在《瓦爾登湖》中他寫道："早晨，我把思維沐浴在《薄伽梵歌》廣博的宇宙哲學中……與之相比，我們的當代文學顯得如此微不足道。"

*梵歌》一樣，把讀者引入並支撐在一個更寬廣、更純粹、更精彩的思想領域裡。*

1855年，他的英國朋友托瑪斯·喬姆德利（Thomas Cholmondeley）贈送給他44冊東方作品，這意味着他擁有了當時美國此類作品最大的收藏之一。因此，甘地成為他"探尋真理"的夥伴，也許就不足為奇了。

## 相反的哲學

在承認梭羅對甘地的不容置疑的影響的同時，認識到二者之間的本質區別也非常重要。第一是甘地哲學的中心：非暴力，亦即不殺生（ahimsa）。在這方面對甘地產生了重要影響的是古吉拉特地區伴隨他成長的耆那（Jain）文化。耆那教強調遵從非暴力和尊重生命的重要印度道德準則——甚至踩踏螞蟻都被認為是一種會危及靈魂的自覺的暴力行為。雖然早就摒棄了兒時的宗教背景，但是，他在監獄中閱讀的大量信仰類書籍，包括《可蘭經》、《薄伽梵歌》、《登山寶訓》等等，重新喚起了他對少年時代耳濡目染的宗教思想的記憶。實際上，甘地的不殺生概念已經超越了避免傷害他人這個傳統印度思想，成為一種積極的行動，將受罰視作抵抗邪惡的一種方式。"非暴力"是薩提亞格拉哈的絕對要求，因為暴力行為會損害抗議行為的純粹性。

正如我們所知，梭羅並不輕視暴力在反抗不公平政府中的作用，他也不同意政府有把他投入監獄的權力。當政府以法律的名義處死約翰·布朗時，他同樣為之辯護。梭羅的哲學挑戰政府向個人施加強權的權力。甘地則相反，他把接受政府的懲罰作為薩提亞格拉哈的重要組成部分，因為這可以證明受罰者的事業具有倫理優越性。即便某項法令顯然有失公允，也不得不接受和承認它，否則就會導致無政府主義。他在《印度輿論》上介紹了《公民抗命》的概要，強調了梭羅遭受的苦楚，這非常重要：

接受法律的懲罰是甘地薩提亞格拉哈學說的重要組成部分，因為這表達了抗議者事業的純粹性。在這一點上，他的哲學和梭羅迥然不同，後者堅定反對政府的權威。

> （亨利）戴維·梭羅是一位偉大的作家，哲學家，詩人，此外還是一位實踐者，也就是說，他本人不準備付諸實踐的事情他從不宣講……他為了自己的原則、為了受難的人類而入獄。因此，他的文章，因受難而神聖。

甘地的哲學建立在用他認為高貴的博愛和自我犧牲來俯視權威的基礎之上："一個無辜者的自我犧牲，在效果上會千百倍於因殺戮而造成的千百萬人的死亡。"

美國總統卡爾文·柯立芝（CalviN Coolidge）很滿意自己和自己取得的成功，幾乎完全不需要梭羅的改革主義熱情。1930年代的經濟大蕭條粉碎了他的沾沾自喜。

## 梭羅在美國

當梭羅對英國社會主義原則產生重大影響、在印度國家的誕生中擔任重要角色的時候，他在自己的祖國依然或多或少地不為人知。但是，到了大約1920年代中期，他的著作開始引起學院批評家和廣大公眾的興趣，而且認識也不再局限於：這僅僅是一位古怪的隱居者對大自然熱愛之情的流露。在此之前，美國文學在學院研究中還沒有被當作一項正式的課題，但是，由於美國作家獲得了學者式的關注，所以他們的作品，包括梭羅的著作，開始出現在中學和大學的課程中。作為自然主義者的梭羅也許仍然是這種關注的焦點，但作為政治思想家的梭羅終將浮出水面。

那些考察梭羅社會和政治著作的人，對於他們從中發現的東西並沒有表現出太大的熱情，這樣說應該是符合實際的。這個十年，在許多方面都和梭羅的意圖互相齟齬。卡爾文·柯立芝總在演講時說，美國的任務就是交易，沒有餘地進行反省，更不用說提出異議。那個時代的使命就是做一個優秀公民，安於社會分配的位置，警惕"赤禍"，信仰國旗、共和黨、節制和正統。那些已經承認梭羅的改革主義學說的批評家也因此猶疑不定，首鼠兩端。一位作家在1920年寫道："每個人都擔心自己不能領略為世界聯合事業而盡職的樸素持久的快樂。"

羅斯福總統1933年3月4日發表就職演説，號召重塑美國價值觀，使之不僅僅是建立在經濟交易的基礎之上。伴隨着這種新的思想意識，梭羅作為社會思想家聲望日高。

這種保守的沾沾自喜被1929年的經濟崩潰徹底粉碎。突然之間，絕大多數商業供應短缺，羅斯福總統在1933年發表的就職演説中宣稱："幸福不僅僅在於所擁有的金錢。"在這種情形下，梭羅在《瓦爾登湖》中提出的沒有物質商品也能生存的主張，對於大量的失去工作和農場的美國人來説，就變得極端重要。因此，梭羅的社會和政治作品引起了社會評論家和新聞記者的極大興趣，他被各種意見相左的小宗派引為同道，直至今日我們還可以看到，這種模式在不斷重複。

1930年代羅斯福的"新政"預示了在保守的十年逝去之後，自由主義價值觀的重新回歸。普通的政治左派，認為在一些地區被信奉的梭羅，是傑佛遜思想的自由主義者和集體唯物主義破壞性的預言家，證據俯拾皆是。但是，他也被那些看不到全面解決辦法的人當作美國問題的正確反映。自由意志論者的右派，他們反對政府介入個人事務，認為自助是解決問題的唯一方式，在梭羅這裡也找到了現成的理論根據。他的話還經常被那些號稱馬克思主義者的社會干預主義者引用。自相矛盾的是，許多馬克思主義者卻從梭羅的反社會哲學中退縮，認為他是天字第一號的法西斯主義者。

雖然梭羅直到1930年代末期都一直在政治方面享

有盛名，但是，任何一個把他拉進自己派系的人發表的宣言，都沒有對他的思想做出清楚的分析。通常，無論哪一部分思想，只要符合他們的目的，就從梭羅這裡尋求支持，其他不符合的部分則統統視而不見。亨利‧塞德爾‧坎比（Henry Seidel Canby）就是一個很好的例子。除了許多其他關於梭羅的作品以外，他還寫了一部梭羅傳記，於1939年出版。坎比的文章強調梭羅的不俗和不願參加任何集體活動，他把梭羅描寫成個人自力更生的典範，抵制工業機械的非個人整體或者政黨組織。他主張"我們必須在某地培養一批梭羅"，來矯正機械時代對個人自由造成的破壞，但是他忽略了一個細節——一個由反社會的不合作者組成的社會該如何運轉呢？

關於梭羅的爭論逐漸趨於平靜。1930年代經歷了一個混亂和自我懷疑的階段，到1940年以後，已經沒有功夫繼續爭論，因為美國人民正同仇敵愾對付敵人。但是，在戰爭年代，發生了一件和梭羅密切相關的大事。1941年，梭羅協會成立，這引起了對於他的生平和著作的廣泛關注——這項任務直至今天仍然在繼續。梭羅主義者依然不能避免力圖使梭羅契合他們自己的思想和價值觀的傾向，正如協會的創立者沃爾特‧哈丁（Walter Harding）所承認的："我們承認我們是英雄崇拜者，但是我們希望對於我們的英雄，我

非美活動委員會是戰後美國壓抑、偏執傾向的縮影。反對主流保守觀點幾乎被認為與叛國罪無異。

們至少能保持一點點的客觀性。"在1940年代到1950年代的這個過程中，哈丁和梭羅主義者在淨化梭羅思想方面發揮了重要作用。

在戰後的美國，梭羅的政治思想又被打入冷宮，就像1920年代一樣。雖然批評家們已經開始研究他作品中的象徵性和神秘性，並對之心儀不已，但他的改革主義者觀點，在主流文化面前再一次顯得離經叛道。由於冷戰造成的緊張空氣，共產主義的威脅，原子彈的陰影，美國社會拉着自己的馬車轉了一個圓圈，不懼國內外任何人的批評。宗教信仰和保守派的價值觀開始復興，它們認為樂觀主義和忠誠的愛國主義最為重要，因此，非美活動委員會遭受的恐嚇威脅也登峰造極。實際上，梭羅本人也是約瑟夫·麥卡錫（Joseph McCarthy）的政治迫害的犧牲品。1953年，美國新聞處把一本美國文學教科書送到世界各地的圖書館。麥卡錫成功地把它撤下書架，理由是裡面收錄了梭羅的《公民抗命》。E·B·懷特（E.B.White）在《紐約客》（New Yorker）上發表了一篇文章，嘲笑麥卡錫的活動，他想像一名參議員到瓦爾登湖旁邊的棚屋中拜訪梭羅，以他的獨立和自力更生——絕大多數美國人珍視的品德——為理由，宣告他是非美主義者。許多作家發現，在關於持異議者並不一定就是共產主義顛覆分子的爭論中，《公民抗命》是一個有力的支持。

漫長的越南戰爭耗盡了美國人民的自信，並且成為1960年代美國冷戰價值觀和改革主義者意見之間的鬥爭的焦點。

在另一方面，對絕大多數美國人來説，一切都回到正軌，全面繁榮也滋長了自滿情緒，從而忽略了存在於美國社會中的一些缺點。梭羅的個人主義或者被用來抨擊集權主義的馬克思主義者，或者被譴責為顛覆社會制度的自我放縱。即使是梭羅主義者，一度稱讚《瓦爾登湖》中的拯救精神是對1950年代美國的"謊言和畏懼和法西斯主義"的一種矯正，現在也突然噤聲，不再聲稱梭羅也許可以提供一種政治解決方案。

## 梭羅在1960年代

到1950年代末期，通過政府高壓強制呼籲忠誠的愛國主義，來捂住問題的蓋子已經不可能了。公眾，尤其是年輕人，對於種族主義、貧困、環境破壞以及輕率的唯物主義的認識，終於在挾裹着異議、政治激進主義和公民抗命的浪潮的衝擊下，大規模分崩離析。正在進行的越南戰爭的恐懼，和戰爭的副產品政治偽善、欺騙、帝國主義一起，組成了社會不安定的持續不斷的背景噪音。感覺到被自己的領導人激怒和出賣，許多美國人開始尋求先知的聲音，希望聽到他們宣講社會應當如何變革。梭羅的時代終於來臨了。

在這一時期，樹立起梭羅聲望的重要人物首推馬丁·路德·金。金在大學裡學習過《公民抗命》，當時就留下了深刻印象，雖然更多地是把它看作對違法行

馬丁・路德・金（Martin Luther King）在林肯紀念碑的臺階上發表著名的《我有一個夢想》（I Have a Dream）的演講。金多次閱讀《公民抗命》，並把梭羅看作美國黑人從事的鬥爭的先驅者。

為的機智辯護，而非靈感。直到1956年，金發動了美國民權運動，在蒙哥馬利組織公共汽車罷乘活動之後，他才認識到，在美國黑人正在做的事情和梭羅已經寫下的文字之間，存在着的聯繫：

　　我確信，我們現在正準備在蒙哥馬利去做的事情，和梭羅所表達的思想有緊密聯繫。我們只想對白人社會說："我們再也不能和這個罪惡的制度合作下去了！"

　　持續了一年的蒙哥馬利公共汽車罷乘運動，不僅使馬丁・路德・金成長為民族領袖，也極大提高了梭羅作為一名政治思想家在公眾中的知名度。金在自己的演講和文章中經常引用《公民抗命》，因此，梭羅就和黑人的民權運動緊密聯繫起來，隨即又與1960年代獨具特色的政治抗議文化聯繫起來。金把梭羅推到了這場鬥爭的最前沿：

　　不與罪惡合作，和與正義合作一樣，都是一種道德義務。在推廣傳播這一思想時，沒有人比亨利・戴維・梭羅更雄辯更熱情。我們繼承了這種富於創造性的抗議方式，這正是他的著作和以身作則的結果。

## 金的夢想與梭羅

在馬丁・路德・金發表的那篇最著名的演講中，我們金和肯尼迪，他們之間的關係展示了可能在1960年代出現的新美國的希望。但是他們都沒有活到夢想實現的那一天。

可以聽到梭羅演講的回音。場景是1963年8月28日，華盛頓特區，由黑人聯盟的領導A·菲利浦·倫道夫（A.Philip Randolph）組織的龐大的民權遊行隊伍。肯尼迪總統正在準備一項《民權法案》，來對抗他自己的政黨中的那些反對種族融合的南方白人，而且一度希望取消這次遊行。"我們需要在國會中取得勝利"，肯尼迪說，"而不是單單在國會大廈前顯一顯什麼聲勢。"倫道夫拒絕了，他的同事，金，贊成他的意見。意識到自己不能阻止這件事情，肯尼迪轉而歡迎這次遊行，稱它為"討回公道的和平集會"。

二十多萬群眾參加了這次遊行，在遊行隊伍中有卡爾頓·海斯頓，薩米·戴維斯·Jr·和西德尼·波迪埃等人。馬龍·白蘭度拿着一根戳刺牲口的尖棒，象徵警察的野蠻行為。根據警察局的紀錄，只有四個人被捕，還都是白人。金站在林肯紀念碑臺階上的演講，吸引行進隊伍圍攏過來。他曾經多次發表同樣的演講，但這一次，他吸引了全世界的眼睛和耳朵，而且控制了局面，揮灑自如。以林肯開頭，以"這個夢想深深植根於美利堅之夢"結束，他抨擊了種族隔離制度的道德污點。像梭羅一樣，他的目的在於喚醒在場者的良知，他引用了美國公民的自我理解的基本原則，這正是美國建立的基礎。

梭羅在"獄中一夜"部分的演講的最後，描述了自己重獲自由的情景：

> 我被捕時正去一家鞋店取一隻修好的鞋。第二天早晨我出獄時，辦完了手續，穿上修好的鞋，加入一群收越橘的人們，他們不耐煩地聽我指點路徑；過了半小時 ——馬很快就套好了—— 就來到兩英里開外的越橘地裡，它位於我們這裡最高的山峰之一上，在這裡，再也看不見州政府啦。

在某種意義上，這段話的確切含義是，他繼續進行自己曾一度被打斷的活動。在另一種意義上，最後幾個單詞才是梭羅真正想要表達的：僅僅兩英里開外（從康科德到瓦爾登湖的距離），州政府就再也看不到了。他鼓勵聽眾在更高的層次上加入他，擺脫日常瑣碎事物的束縛，思考一些更為重要的東西："除非國家承認個人是更高的、獨立的權力，而且國家的權力和權威是來自於個人的權力，並且在對待個人方面採取相應的措施，否則就絕對不會有真正自由開明的國家。"

金把這件事情繼續發揚光大。金的演講是一篇政治演講，非常關注當代社會問題，但是它也是一篇充滿夢想的福音宣講，號召大家作為公民共同生活：

今天，我要告訴你，我的朋友們，儘管要面對今天和明天的重重困難，我仍然有一個夢想。這個夢想深深植根於美利堅之夢。

我有一個夢想，我希望有一天，這個國家將會覺醒起來，真正信守它的箴言："我們認為下面這些真理是不言而喻的：人人生而平等。"我有一個夢想，我希望有一天，在佐治亞州的紅色丘陵上，從前的奴隸的兒子和從前的奴隸主的兒子將會像兄弟一般，圍坐在同一張桌子旁。我有一個夢想，我希望有一天，甚至連密西西比，這個不公正的狂熱情緒使人透不過來氣的州，也會變成一塊自由和公正的綠洲。我有一個夢想，我希望有一天，我的四個孩子生活的這個國家，將不再根據他們的膚色，而是根據他們的品性來評判他們。

金深深明白，如果不能代表美國社會致力於把種族平等的夢想變成現實，肯尼迪的《民權法案》就是一紙空文。他認識到這不僅需要逐漸破壞種族歧視的法律，還需要在美國人民中間進行根本的改造。像梭羅和奴隸制，僅僅坐等正當的法律程序是不夠的：法律的補救"耗費時日，在一個人的有生之年恐難實現。"

## 反主流文化

1960年，經過梭羅協會發起的倡議活動，梭羅被選入紐約大學的名人紀念堂。以前在1945年他也曾被提名，在最後的投票中以幾票之差落選，一位評審團成員對他的入選資格提出質疑，理由是他寫作了《公民抗命》並危害了聯邦的安全。到1960年這個問題就不復存在了，那時反抗政府已經成為許多人的一種生活態度。在1960年代，《公民抗命》和《瓦爾登湖》一樣，成為梭羅聲望的代表，1968年的出版的一本書，甚至在標題中把這兩本書的名字一反往常地顛倒了過來，叫《論〈公民抗命〉和〈瓦爾登湖〉》。

到這個十年的後期，反戰抗議者、環境保護者、和平主義者、無政府主義者、自然主義者和嬉皮士都宣稱梭羅是自己人。一般用來向康涅狄格州格羅頓美國核潛艇基地示威的小船，被命名為"亨利·戴維·梭羅"。他的頭像出現在T恤衫、檯曆、郵票上，他作品的語錄開始出版。正如沃爾特·哈丁所言："在我們這個時代，沒有哪一種主義不曾試圖採納梭羅的思想。"當然其中有一些採納大概肯定會使梭羅心生不快：和一位嬉皮士關係密切，這樣的前景大約肯定會使這位孤獨的獻身者震驚不已。但是寫出了"使用我……通過你認為我可堪驅使的任何方式"這樣句子的梭羅，看到自己的主張被如此廣泛和狂熱地追捧，想

反戰運動，只是那些將梭羅反抗公民政府學說付諸實踐的眾多團體中的一個，它在美國核潛艇基地示威。

來大約也是會高興的吧。

自相矛盾的是，這個擁戴者的名單也可以看作是對梭羅思想的消解。如果他對所有人來說都是無所不能的，實際上這也意味着：或者他自己不知道自己想說什麼，或者那些聲稱他站在自己這邊的人們並沒有真正讀懂他。這兩種情形都有一定的可能性。當然，和他同時代的超驗主義者一樣，梭羅也不重視思想的體系和固有模式，"愚蠢的一致性是一個全無頭腦的怪物。"愛默生說，而且和惠特曼一樣，梭羅也滿足於"包羅萬象"。他在著作中允許對自己進行多種多樣的詮釋，他廣泛的興趣也吸引了各種各樣的讀者群。與其說梭羅不知道自己想說什麼，倒不如說他有太多東西可說。

第二個方面的原因卻是千真萬確的。我們已經列舉了大量的例子說明讀者們如何讓梭羅服務於自己的目的，卻對那些不符合他們的偏見的作品部分視而不見。1960年代，主要盲點和梭羅對待暴力反抗的態度有關。

## 非暴力

梭羅的傳記作者，亨利·坎比，在1939年為了支持自己反對美國參加第二次世界大戰的觀點，把梭羅塑造成了一位和平主義者；他背離了梭羅《公民抗命》關

1859年約翰‧布朗受審的版畫。布朗在哈普斯費里的襲擊中已經受傷，他是躺在醫院的病床上被抬進法庭的。梭羅在三篇不同的文章裡為布朗的鬥爭行為發表了激烈的辯護，但是這些文章都被那些聲稱梭羅是和平主義者同道的人忽略了。

於在追求公正的過程中必要的話可以使用暴力的本意，他大膽推測，如果梭羅還活着的話，在南北戰爭時期肯定不會應募參軍為聯邦而戰。他繼續推測，梭羅肯定會對該書出版時歐洲正在醞釀的戰爭持相同態度。在這裡，坎比沒有理睬，或者有意忽視了其他演講中的證據，梭羅贊同必要的時候採取暴力行為並不是偶然的。在《為約翰‧布朗隊長請命》中，梭羅講道：“我不希望去殺人或者被人殺死，但是我可以預見到，這兩椿事情都有可能不可避免地在我身上發生。”在《馬薩諸塞州的奴隸制》中，在討論獨裁政府的那一段裡，梭羅聲稱：“我沒有必要説明我將要遇到的是什麼對手，我將要努力去引爆的是什麼制度……”

在1960年代，梭羅的和平主義者形象在大眾心目中牢固地樹立起來。這可能應該部分歸結於《公民抗命》等一系列文章被簡單忽略了。《為約翰‧布朗隊長請命》在美國文學作品選集中很少看到。甚至在梭羅本人的選集中也很少看到。《簡裝梭羅集》，1947年第一次出版，1964年修訂，在大學中廣泛使用，出版商把它描述成“梭羅作品的代表性選本”，但是其中既沒有收錄《馬薩諸塞州的奴隸制》，也沒有收錄《為約翰‧布朗隊長請命》。因此，許多奉梭羅為精神導師的學生根本不知道梭羅曾經大力支持暴力抵抗，是完全有可能的。

梭羅與馬丁·路德·金——他本人絕對躬行非暴力抵抗——的密切聯繫，應該也進一步增強了梭羅的和平主義者聲望。但實際上，金的抗議形式更多的是來自甘地的薩提亞格拉哈（Satyagraha），而不是梭羅的"道德法則"，而且，金和甘地的思想都深深植根於憎惡暴力的宗教傳統。有趣的是，甘地已經注意到了梭羅的可能需要暴力的調和性。無論如何，1960年代在美國大行其道的梭羅，是金的非暴力的梭羅，少數幾個注意到關於約翰·布朗演講的人的看法，終究無力扭轉大局。那些抗議者和改革者，他們從梭羅的作品中尋求梭羅對他們所致力的事業的熱情鼓吹，不願意強調他的觀點帶來的潛在的問題，甚至假裝他們已經知曉這些問題，這是可以理解的。

反戰運動也引梭羅為同道，這更強化了梭羅的非暴力者的形象。1970年，一齣名為《梭羅在獄中的一夜》的戲劇——由傑羅姆·勞倫斯和E·李創作——把梭羅的反對墨西哥戰爭和當代的反越戰浪潮相提並論，進行比較。梭羅被描寫成拒絕在原則上妥協的和平主義者和

一齣以梭羅入獄為題材的戲劇風行全美校園，它鞏固了一個權威但可能不全面的看法，即梭羅是一位堅持自己認為正確的事情的、原則性很強的藝術家。

理想主義者。就在這齣戲劇第一場演出之後僅僅幾個星期，美國侵入了柬埔寨，在隨後的肯特州立大學的抗議活動中，國民警衛隊開槍打死了四名學生。因此，梭羅思想對於當下事件的針對性實用性受到高度矚目，到1972年年底，這齣戲劇在全美劇場中已經上演了2,000多場。

1960年代陷入暗殺、學生暴動和警察暴力的混亂中，並在肯特州立大學學生被槍殺時達到頂點。在一些地區，有人攻擊梭羅應為美國陷入無政府狀態負責。

　　1960年代早期的理想主義，到了這個十年末期，就讓位於暴動和暗殺，儘管聲名卓著，在某些地區梭羅仍然被認為對這一時期的混亂難辭其咎。美國副司法部長歐文・N・格里斯沃德負責處理席捲美國各地的混亂，他聲稱梭羅鼓吹的公民抗命不可避免地導致了暴力。國務院政治事務部副部長尤金・V・羅斯妥（Eugene V. Rostow）用同樣的口吻抨擊梭羅的思想，他說如果試圖遷就梭羅贊成的那種反社會的個人主義，沒有哪一個社會能夠倖免於難。兩位政府官員都沒有引用梭羅關於約翰・布朗的演講，這也可能是因為他們根本對此一無所知。如果他們知道的話，梭羅可就不會這麼容易地蒙混過關了。美國已經對這種明顯的自我毀滅表現出了厭倦和沮喪，尼克松1968年在參加總統競選時把重建法律和秩序作為政治綱領就說明了這一點；許多美國人渴望回歸正常，渴望梭羅的追隨者放棄《公民抗命》，重新回到《瓦爾登湖》。

1973年越南戰爭結束以後，改革主義者梭羅再次淡出公眾視野。在這一年，梭羅協會相應地修改了自己的章程，明確禁止參與任何政治活動，以確保自己的免稅地位。

## 梭羅在我們這個時代

到1973年美國從越南撤軍的時候，梭羅在公眾中的聲望已經建立起來了。對他的作品，開始從學院式和批評式研究，轉向精神分析法研究，主要集中在他和母親的關係以及所謂的性壓抑等等問題上。一個學者小組甚至還對他進行了一次死後性格測試，他們代表梭羅回答各種問題。在更為科學的基礎上來看，這是梭羅在他自己的時代所激起的反應——那時批評家們肆意嘲笑他的性格缺點——的回音。後結構主義思想家也注意到梭羅，探索他寫作的不確定性，和運用語言時的顛覆性分歧和矛盾。某種程度上，由於學院派的文學興趣漸漸離開這個作品已經確定的"已故白種男人"，他在批評界的聲望也有所下降。無論如何，對於普通大眾來說，到1970年代，梭羅已經成為自力更生、獨立自主等美國價值觀的代名詞，成為美國文化中穩若磐石的棟樑。

但是，當1960年代和1970年代的社會劇變被1980年代的保守主義取代時，政治化的梭羅也逐漸淡出。實際上，當1960年代的激進主義從切切實實的強制性力量轉變成歷史分析的對象——甚至一種令人尷尬的越軌失常時，人們的確放棄了《公民抗命》，重新回歸《瓦爾登湖》。如今發展中的環境與經濟運動把梭羅看作自己的支持者，動物權益活動家和素食主義者也是如此。"瓦爾登湖林區方案"的網站宣稱這個地區是美國環保主義的發祥地，梭羅關於選擇權的警句變成了"維持原始野生狀態就是保護世界。"矛盾總會存在，儘管如此，梭羅在捕獵殺戮動物問題上複雜的態度，還是給動物權益保護者出了一道難題。

羅納德·里根（Ronald Regan）入主白宮，發出了回歸保守主義價值觀的信號，梭羅的政治用途似乎面臨終結。

有一種自由事業，從來沒有在梭羅這裡發現什麼有用的內容，這就是女權運動。當性別政治家在激進的1960年代的推動下紛紛湧現時，人們發現梭羅不在其列，在他的日記中有證據顯示他有厭惡女性的傾向。人們認為他在性別問題上是完全保守的，這也是在要求他改正時，唯一一次沒有反對的聲音出現。這可能也是他的政論讓位於他作品中其他內容的一個深層原因，因為在這個重大的社會和政治問題上，他看起來好像無話可說。對於今天的梭羅主義者而言，保護自然界和脆弱的生態系統是更為安全無風險的話題。

梭羅在古往今來所有美國偉大作家的先賢祠中的位置應該已經得到確認，雖然人們更喜歡的是那個淨化的、非政治的梭羅。康科德，1880年代開始擁有與文學和藝術有千絲萬縷聯繫的旅遊產業，到1970年代，這裡已經每年要接待將近50萬訪問者。

1965年瓦爾登湖被宣佈為國家保護區，雖然在此之前很久這裡就已經是非官方的聖地。愛德華‧卡彭特1884年訪問這裡的時候，在標誌梭羅棚屋所在地的石冢上添了一塊石頭。1980年代末期，一個開發區威脅到了瓦爾登湖林區的一塊地方，音樂家和環境保護主義者唐‧亨里提供財政干預保住了它，並啟動了"瓦爾登湖林區方案"，負責規劃這一區域和提高梭羅的知名度。梭羅的故居在2003年以3.25百萬美金售出。梭羅協會，是美國所有作家擁躉者協會中最大的一個，2003年已經擁有會員1,500人。這些作家之中反對正統最激烈的人，現在已經富可敵國。

互聯網現在已經成為梭羅保持政治勢力的重要場所，這也許並不值得大驚小怪。網站作為自發地表達思想的媒體，也許正迎合了超驗主義者思想的某一特定內容，它正是布朗森‧奧爾科特在日記中曾稱讚過的《談話錄》（Conversation）和《使徒書》（Epistle）的現代翻版：

*人類的思想和意圖不必等待種種拖拉複雜的媒介：書商的趣味，印刷商的鉛字，或者讀者的選擇，而是應該借助這些敏捷的眾神信使，飛快地傳播到世界各個角落。*

雖然網站的絕大部分內容並不符合超驗主義者

的"人的神性"思想，但是下面的設想也不能說是完全輕率：擺脫了出版者和其他媒體的障礙，網絡傳播人類體驗的直觀性，肯定能夠引發超驗主義者的修辭學衝動。當然，作為一種幫助人們與他人分享自己的思想和意見的方式，互聯網是無法超越的——在這裡可以向全球公眾發表公開演講。

由於梭羅希望自己"像拂曉時分的雄雞……引吭高歌，只是為了把自己的鄰居喚醒"，因此在互聯網上出現了大量聲音，他們同樣熱情地向鄰居發表演講，把梭羅加入自己的事業的名單。絕大多數情況下，"公民抗命"都出現在與公民自由和人權相關的網站上，一個反艾滋病直接行動組織ACT-UP就把梭羅網羅進了自己的公民抗命的簡史中。

但是，正如我們所見，梭羅的追隨者們組成了一個寬容的大教派，因此，我們發現英國埃克塞特的社會主義者和美國田納西州的自由黨人都贊成和引用"公民抗命"。梭羅的煽動性和看似自相矛盾的風格，仍繼續為各路風馬牛不相及的派系提供思想食糧。

鑒於我們已經了解到的梭羅的廣泛的吸引力，在互聯網上搜索"公民抗命"時，出現一些非常有意思的同床異夢者，就不足為奇了。

在詳細介紹了梭羅自從在康科德學園發表"個人關於政府的權利和義務"演講以來幾十年的接受情況之後，現在我們再來看看梭羅在今天的適用性。

# 公民抗命
## 餘響

我們已經看到了梭羅從一個無名之輩到在美國文學界佔據顯赫地位的發展過程。他是美國文學無可爭議的巨匠，無論有沒有讀過他的作品，每個人都承認他的重要性。因此，如果可能，梭羅會對今天的我們說些什麼呢？

考慮這一問題時，我們首先應該浮光掠影地了解一下當前的政治形勢。2003年，成千上萬英國人走上街頭，抗議政府支持美國發動的打擊薩達姆·侯賽因（Saddam Hussein）領導的伊拉克政府的戰爭。有人指控政府在薩達姆·侯賽因的軍事力量問題上誤導公眾，托尼·布萊爾（Tony Blair）首相接受法律質詢時為自己辯解，並聲稱這種指控不僅是對首相辦公室的攻擊，也是對整個國家的攻擊——這是路易十四"朕即國家"的變種，如果梭羅地下有知，聽見了肯定會撇嘴冷笑。

2002年，第一輪法國總統大選產生了兩名候選人，一名是聲名狼藉的現任總統雅克·希拉克（Jacques Chirac），他是戴高樂派政黨右翼人士，曾因被指控欺騙和腐敗招致廣泛批評。另一名是民族陣線極端右翼人士讓－瑪利·勒龐（Jean-Marie le Pen）。左翼和右翼候選人的增加反映了選民對主要政黨的

2003年發動的伊拉克戰爭，在英國國內引起了普遍不安，因為它的政府明顯對廣大公民的意見充耳不聞。

不滿，並且分流了社會主義者候選人里奧內爾・若斯潘的得票。三分之一的選民甚至沒有勞神費力去登記投票。左翼和中間派的投票者因此在最後一輪選舉中，面臨這樣一種情況，正如一名評論家指出的．騙子或者法西斯主義者，二者請擇其一。數以萬計的人們走上巴黎街頭示威抗議。

當2000年總統大選的結果被裁定時，布什和戈爾都笑容可掬，但是這場競爭的本質，使美國社會在一定程度上已經對它的民主產生了懷疑。

　　2000年12月，美國歷史上最聲勢浩大的總統選舉結束，最高法院以多數票裁決支持喬治・布什（George. W. Bush）。布什因贏得總統選舉團的五票而獲勝，儘管在選舉中，從最終投票總數來看，艾爾・戈爾贏得了多數票，超出布什50萬張——比1960、1968年約翰・肯尼迪（John F. Kennedy）和理查德・尼克松（Richard Nixon）入主白宮時分別獲得的多數票的票數還要多。美國報紙和政治評論家為下列事實而哀嘆：人民的意志不得不接受法庭認可，至關重要的佛羅里達州票數統計被恫嚇和欺騙的指控嚴重損壞，民主黨和共和黨的支持者之間令人顏面掃地的不滿噓聲已經嚴重損害了這個世界上最古老的民主國家的聲譽。更令人沮喪的還是這個事實：符合投票條件的選民中只有51%的人真正去參加投票。梭羅關於選舉政治是一種遊戲的評論，突然浮現在腦海中。

在1980和1990年代的絕大部分時間裡，意大利的政治都被腐敗醜聞折磨，德國的政治家因被指收受賄賂而接受詳細調查，英國的保守黨在1997年大選失利以前就成了不名譽的代名詞。投票冷漠是許多歐洲國家關注的問題，政治分析家指出，參加選舉的獨立候選人人數的增加，說明了人們對主流政治的普遍不滿。看起來似乎當代民主在21世紀開始之際遭遇了自我信仰的危機。但是，就像當年許多人運用它來處理1960年代的危機那樣，梭羅的思想還能用來處理這次危機嗎？

## 梭羅，政治家

即使是大部分梭羅主義信徒，可能也不得不承認，梭羅如果從政，只能是一個拙劣的政治家。對於梭羅，這或許是一種誇獎——他認為政治只是人類奮

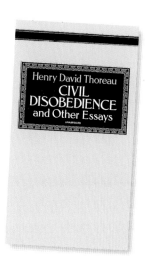

鬥的一種低級形式,一種不幸的必需品。他認為美國的民主制是一種不錯的政府形式,要好於君主制度或者專制制度,但即便如此,也不過只是一種實現目標的手段罷了。他從來不參加任何政治政黨或者改革組織,這也是19世紀的社會主義者和20世紀的馬克思主義者對他棄而不用的原因:集體奮鬥對梭羅而言無異於咒逐,不僅哲學上,氣質上更是如此。在這一點上,他和其他超驗主義者是一致的,比如愛默生和奧爾科特,他們在強調個人的潛能的時候,都一定程度上支持超脱塵世、遠離社會。也許我們可以代表梭羅宣稱:他比愛默生更願意弄髒自己的雙手,他在"地下鐵路"運動中發揮了重要作用,這個運動幫助逃亡奴隸越過邊境並進入加拿大,我們現在知道,他至少幫助了一名黑人奴隸逃脱,還可能更多。儘管如此,説梭羅不是什麼政黨黨員,還應該是正確的。

他也不是一個無政府主義者。《公民抗命》在開頭嗓音洪亮地宣稱:"最好的政府是根本不進行管理的政府。"但他馬上用下面的條件加以限制:當人們準備好之後,這樣的政府就是他們希望擁有的政府。從這篇演講的其他部分我們可以清楚地看到,梭羅並不相信人們會為這種政府做好準備。梭羅不想"沒有政府",他想要的是"更好的"政府,而且他希望這種政府來得越早越好。他試圖不與政府爭吵，他從來不認為"全心全意投身於消除世間所有──甚至罪大惡極的不公正……是一個人必須盡到的義務"；但是，他堅決認為，不能出於冷漠、服從或者慣性去支持壞事，這是一個人必須盡到的義務。梭羅認識到了公民抵抗的局限性和公民與政府之間關係的偶然性。他認識到，在個人和社會之間實質上存在着妥協，但是他堅持，如果政府因不道德行為而喪失了要求公民效忠的權力後，公民擁有反抗政府的權力。

儘管梭羅已經以傑佛遜或者洛克的方式發展了一套政治理論，但是把它和我們自己的政治思潮聯繫起來仍然非常困難。梭羅不可能預想到當代政府的權力、範圍和影響，也不可能預想到現代通訊與大眾傳媒的廣度。這都使得他關於政治制度的所有學說的價值打了折扣。正如我們已經確定的，梭羅對政治機械論也毫無興趣，他關注的要點是道德，是人們如何生活，正是在這一點上，我們可以看到他的思想適用於今日社會。

## 如何成為一名好公民

上面列舉的種種政治掠影，很明顯不能全面概括西方的民主制度──但是它們的確反映了問題的一個方

面，即堅持對大眾的政治觀點（即普通公民的政治觀點）進行評論，大眾的觀點就是"疏離"。由於職業政客變得越來越組織化、集中化、整體化，因此他們聲稱為之服務的人民，也已經變得和他們越來越疏遠。在西方，政黨的成員人數逐年下降；來自財團捐贈的活動經費卻逐年增加，而這些財團希望收回投資並非什麼不自然的事情；政治演講通過電視傳播，也帶來了刺耳的噪音文化。除了四年一次的投票（有證據顯示，選民們甚至討厭做這件事情），人們感到——在某種程度上實際就是——並無權力。

　　公眾對這種無權的現狀的反應是被動和冷漠的。公民們翻閱報紙或者看看電視，對正在發生的事情聳聳肩，然後轉身走了。梭羅批判這種清靜無為思想：

**成千上萬人持反對奴隸制度、反對戰爭的觀**

政黨政治活動中明顯的幕後操縱，競選綱領中的機會主義，財團贊助者的文化，都對普通公民明顯疏離政治進程起了重要作用。

1999年西雅圖召開的WTO部長會議上的示威遊行是直接行動的例子，它繞開民主程序，直接向人民發表政治演講。

點，但實際上卻未採取任何實際行動來制止它們。他們自稱是華盛頓和富蘭克林的子孫，卻兩手插在褲兜裡閑坐着，聲稱不知該做什麼而無所事事。他們更重視自由貿易，而非自由本身。晚飯後，他們平靜地閱讀市價表和墨西哥的最新報道，也許，讀着讀着便睡着了……

另一種反應可能是全神貫注於自己的私人事務，關心自己的興趣，主張"事不關己、高高掛起"。梭羅，這位眾所周知的隱居遁世、反社會的個人主義者，也沒有時間採取這種態度：

事實上，馬薩諸塞州反對改革的人不是成千上萬的南方政客，而是成千上萬的商人和農場主，他們更感興趣的是商業和農業，遠甚他們屬於人類這一事實，無論代價如何，他們都不打算公正對待奴隸和墨西哥。

第三種選擇是直接採取某種行動，這正是梭羅身體力行的。他的演講的推動力在於人們首先應該為自己着想，隨後為自己行動。行動的方式沒有原則那麼重要。他的北方鄰居不能完整地表達他們對奴隸制和墨西哥戰爭的反對，而且他們除了投票以外就無所作為：

> *什麼才是今日之誠實人士和愛國者的市價表？他們猶豫，他們遺憾，有時他們也請願；但是他們不去認真地、卓有成效地做事。他們會等待，會妥善安排，讓別人去補救這些罪惡，以使他們可以不再對此抱憾。至多，他們會為正義投下廉價的一票，提供微不足道的支持和成功的祝福，當正義經過他們身邊時。*

這種情形，直至梭羅才開始關注，後來讓一保羅・薩特稱之為"不誠"——假裝這種表面的方法恰好是你自己的職責。梭羅鼓勵他的讀者"投下你的一票，那不僅僅是一張紙條，而是你的全部影響"。他關注的首先是道德和倫理，然後才是政治，雖然他完全理解有原則的行為能夠產生政治改革。

這種哲學可能會招致大量反對意見。最明顯的是認為道德和政治是危險的結合。歷史上不乏這種政治家的例子，他們的道德信念鼓舞他們制定法律去規定他人的生活方式。實際上，《美國憲法》就是通過它的檢查和平衡系統，試圖把道德阻攔在政治之外，使統治者和被統治者的美德或者其他東西完全與政府的穩定性無關。當然，這一點從一開始就被奴隸制問題破壞了，因為人民和財產的平衡對它來說是一個挑戰，而《美國憲法》並沒有給出答案。開國者們的文件明確表示：公民的權利不依賴於其他公民是否認為他們是好人。道德主義者基本上都是拙劣的政治家，因為民主政治需要實用主義、妥協，包括一切個人信念。"罪惡"，不是有效的政治範疇。

開國者們制定他們的政治制度的前提是以全體公民為基礎，而不是排除掉一部分人。但是可以舉出案例，說明在當時，政治精確地依靠摒棄某些特定的觀點。

梭羅的演講不是針對那些職業政客的。他演講的時候好像在朗讀：這裡有一個民主政治進程，一個政府，一個行政部，一個立法部，一個司法部，這些機構在將來，應該以和過去相同的方式繼續運轉。梭羅向全體公民演講，鼓勵那些先知的、持異議的少數人為了正義而開口說話：

**在某處樹立某種絕對的善，比讓許多人都像你一樣好更為重要。因為絕對的善會像酵母一樣影響改變整體。**

政府和它的機構如何應對這些"聰明的少數人"，梭羅在演講中沒有提到。他的主要興趣是一個人應該說"這是對的"或者"這是錯的"。

對梭羅哲學的第二中反對意見是，如果人民一旦發現法律違背了他們的良知就拒絕遵守，那麼這個法律規定就是無法實行的。這是1968年尤金・V・羅斯妥（Eugene Rostow）反對梭羅時的主要觀點，當時許多人出於良知違背法律。

在梭羅的演講中能找到多處對這個問題的回答。像我們早些時候看到的，梭羅只有在嚴重的情形下才主張違背法律；絕大部分時間他樂得讓政府機器自行磨損。梭羅聲稱的第二條安全措施是，如果出現的反抗行為的理由大家普遍認為不合理，那麼政府可以輕而易舉地對付這少量幾個反抗者；如果反抗者的理由獲得廣泛支持，就會出現大批反抗者破壞法律，那麼民主政府就應該考慮這些爭論不決的問題。

*或者把所有正直的人都投入監獄，或者放棄戰爭和奴隸制度，如果要讓州政府在這二者之間選擇的話，它會毫不猶豫。*

在1850年代，和1960年代一樣，存在許多問題，使美國社會深深分化，同時也有強大的理性，實質上的少數派的合法訴求並沒有被上呈。在這種形勢下，梭羅說，廣泛的公民抗命不會導致無政府主義，只會恢復公正，提醒那些統治者，他們的權力來源於被統治者的滿意。持不同政見者的聲音是這個政府的集體良知。

《美國憲法》和《人權法案》對絕大多數美國人來說是值得敬畏的文件，但是，毋庸置疑的是，在美國歷史上，它們的某些條款，為了適應當時流行的政治需要，被做出了多種多樣的解釋。

## 過去的教訓

那麼，梭羅的公民抵抗原則，該如何與我們剛才看到的現代民主掠影聯繫起來呢？這裡有兩點應該指出。第一點是，梭羅試圖鼓動他的聽眾直接參加到公眾事務中，即"追求幸福"。這是個人完善問題，和公民的義務差不多。治療政治無力症的方法，就是要利用每一位公民的享受民主、觀點公開化的權利。在這個每一位政治代表都擁有電子郵箱的時代，在這個擁有電子報紙和激進主義網站的時代，想要致力於辯論並不困難。這甚至也不需要入獄。

憤世嫉俗者可能會抱怨這種辯論缺乏強詞奪理的詭辯，處於現代媒體主導的民主制中，面對商業利益和政黨政治，個人的確無能為力。這就引出了第二點，民主政府必須被提醒，他們的統治源於被統治者的同意。

*除非國家承認個人是更高的、獨立的權力，而且國家的權力和權威是來自於個人的權力，並且在對待個人方面採取相應的措施，否則就絕對不會有真正自由開明的國家。*

如果人民突然舉手說政治和他們沒有任何關係，或者他們不能對政治無能為力，那麼，我們在《獨立宣言》中看到的對民主的理解就是毫無用處的

美國司法部長約翰·阿什克羅夫特（John Ashcroft），在9·11之後，以保護美國免遭恐怖襲擊的名義，運用行政權力暫時剝奪美國公民的一些基本權利，招致廣泛批評。

一紙空文。9·11以後，這成為需要堅持的重要原則，因為對於一個處在威脅之下的政府來說，封禁大門和組成聯合陣線是一種誘惑。在"反恐戰爭"剛開始，就推出了《愛國者法案》和《美國本土安全法案》，以保護美國的自由，但是許多美國人認為它們是對美國自由的不公正限制，甚至超出了世界大戰期間強加於人民的限

制。只有在1960年代，美國公民的自由才獲得合法而公正的保護，而在其他多次國家危機期間，這種自由很容易被以愛國主義的名義剝奪。2002年10月，有人引用在華盛頓的美國公民自由協會執行官的話說，美國政府的"公民自由面臨着自麥卡錫時代以來最大的攻擊"。相反地，美國受託人與校友委員會提交了一份報告，名為《捍衛文明社會：我們的大學如何辜負了美國，我們又能做些什麼》，譴責校園裡的反對總統所採取的反恐政策的行為。實際

梭羅本人的生活範圍從來不曾超出康科德林區很遠，但是他的雄辯的力量，確保他說過的話能夠穿越時空，鼓舞和激發全世界的讀者。

上，持不同意見就等於反美叛國。在西方民主政府被置於外來武力威脅之下期間，看似自相矛盾的是，梭羅的持不同意見的少數派的良知應當被聆聽的主張比以往更為重要，提醒政府的保衛者他們需要保衛的到底是什麼。

*極少數人，大而言之是英雄、烈士、改革者，用他們的良知服務於政府，因此在很大程度上不得不反抗它；他們通常被政府當作敵人。*

對於那些聲稱個人在政治上無能為力的憤世嫉俗者，最後的回答就是梭羅本人。《公民抗命》最初是一個在馬薩諸塞州的鄉村禮堂發表的演講，他的同時代人普遍認為這位演講者脾氣暴躁，因為自己的逆反性格而被關進監獄。最後，它成為美國被閱讀和重印次數最多的演講之一，它的作者成為美國自由和正義價值觀的完美典型：

> 州政府從未打算正視一個人的智慧或道德觀念，而僅僅着眼於他的軀體和感官。它不是以優越的智慧或誠實，而是以優越的體力來武裝自己。我不是天生受奴役的。我要按照我自己的方式來呼吸。讓我們來看看誰是最強者。

# 公民抗命
## 詞彙表

**廢奴主義者**（abolitionists）參加廢除南方各州把黑人當作在種植園中勞作的財產的慣例的活動的各種組織和個人。

**無政府主義**（anarchism）：一種政治學說，主張廢除一切政府，在自願、合作的基礎上組織社會。

**自由主義**（liberalism）：一種政治學說，崇尚與溫和的社會改革合作的個人自由。

**自由意志論**（liberarianlism）：一種極端自由主義的政治學說，認為個人自由至上，鼓吹政府越少干涉公民生活越好。

**清教徒主義**（Puritanism）：英國的新教運動，反對任何形式的基督教《聖經》中所沒有的崇拜或教堂組織，它的一些成員是後來建立的美國的第一批定居者。

**共和主義**（republicanism）：由所有社會成員組成的政府，通過由選舉產生的多名代表和一位政府首腦來統治，而不是君主或獨裁者；一種允許批判政府的生活方式，人們靠實力獲得地位。

**浪漫主義**（Romanticism）：18世紀晚期至19世紀早期出現於英國和德國的文學和藝術運動，它主要以個人的靈感為基礎，而不是具有啟蒙運動特色的理性主義和秩序。

**薩提亞格拉哈**（satyagraha）：字面意思是"真理的力量"，甘地的學說，認為非暴力公民抵抗是一種實現改革的積極有效的方式。

**超驗主義**（Transcendentalism）：19世紀中期新英格蘭的文學和哲學運動，特點是相信人類精神中的神性，希望洞察日常生活中的精神。

**實用主義**（Utilitarianism）：一種政治和哲學學說，根據是否能使最大多數人獲得最大幸福來評價行動的價值，而不考慮行動的內在倫理性質或者行動者的動機。

# 公民抗命
## 網站

www.thoreau.niu.edu

由北方伊利諾伊大學運營的網站，編輯普林斯頓大學出版社出版的《梭羅作品集》。還有梭羅手稿、日記、信件、傳記詳細資料等方面的信息，並與其他梭羅網站連接。

www.aa.psu.edu/thoreau/default.htm

或者www. Thoreausociety.org

梭羅協會的網站，它的任務是"激發大家對於亨利·戴維·梭羅的生平、作品、哲學以及他在他自己和我們的時代的地位的興趣，促進這方面的教育，整理關於他生平和作品的研究成果，並且允當所有和梭羅有關的物品的儲藏室。

www.walden.org

瓦爾登湖林區方案，目的是保護瓦爾登湖的林區，促進梭羅研究和教育。

www.vcu.edu/engweb/transcendentalism/

弗吉尼亞州立大學運營的網站，包括梭羅的作品、傳記詳細資料以及超驗主義者作家的其他信息。

www. transcendentalists.com

全面羅列了網絡上關於超驗主義者的資源。

## 《公民抗命》的版本

有好幾個版本，通常與《瓦爾登湖》合印。諾頓評論版收錄了一些同時代人對梭羅作品的評論和批評論文，其中包括愛默生和羅尼爾的論文。

## 傳記

沃爾特·哈丁，《亨利·梭羅的時代》（The Days of Henry Thoreau）（1965年出版，1982年修訂），是對梭羅生平的全面而同情的記錄，作者是梭羅協會的創始人和秘書，著名的梭羅權威專家。伊利諾伊大學出版社重新出版了亨利·肖特1896年的傳記，一些人認為這本書仍然是最好的梭羅哲學普及讀本。其他還有關注梭羅生平中的某個特殊方面的書，比如哈蒙·史密斯（Harmon Smith）的《我的朋友，我的朋友：梭羅與愛默生之間的故事》（My Friend, My Friend: The Story of Thoreau's Relationship With Emerson, 1999年出版）。

## 論文集

格力克，溫德爾（Glick, Wendell）（編），《認識亨利·戴維·梭羅》（The Recognition of Henry David Thoreau, 1969年出版），雖然是一本老書，但是收錄了一系列從最開始到1960年代的關於梭羅的評論，其中包括一些為奠定梭羅20世紀聲望發揮了重要作用的論文。

希克斯·約翰·H·（Hicks John H.）（編），《梭羅在我們的時代》（Thoreau in our Season, 1966年出版），另一本老書，對梭羅聲望形成的最重要的時期發表了引人入勝的看法。

莫遜·喬爾（Myerson Joel）（編），《亨利·戴維·梭羅的劍橋同行》（The Cambridge Companion to Henry David Thoreau）（1999），多位美國學者撰寫的研究梭羅各個方面的論文。

## 梭羅的政治聲望

莫耶・米切爾（Meyer Micheal）《豐富人生：梭羅在美國的政治聲望》（Several More Lives to Live:Thoreau's Political Reputation in America）（1977），是一本全面介紹20世紀美國如何對待梭羅政治見解的書。它是這樣一部歷史，更關注人們怎樣談論梭羅，而不是分析梭羅的政治見解實際上是什麼，它是根據梭羅在美國的接受程度來劃分章節的。

沙恩霍斯特，格雷（Scharnhorst, Gary），《亨利・戴維・梭羅：神聖化個案研究》（1993），認為梭羅從籍籍無名到成為文學偶像，經歷了100多年的發展歷程。

沃爾克・豪，丹尼爾（Walker Howe, Daniel），《亨利・戴維・梭羅論公民的抗命義務》（Henry David Thoreau on the Duty of Civil Disobedience, 1990年出版），哈佛大學美國歷史教授發表了一篇演講，對梭羅的演講和背景進行了全面分析，並對該書中的一些觀點表示支持。

## 奴隸制

賴斯，鄧肯・C・，（Rice, Duncan C.）《黑人奴隸制度沉浮錄》（The Rise and Fall of Black Slavery）（1975），很好地介紹了美國的黑奴制度和廢奴主義運動。

## 超驗主義

比爾，勞倫斯（Buell, Lawrence），《文學超驗主義：美國文藝復興的風格和幻象》（Literary Transcendentalism: Style and Vision in the American Renaissance）（1974），一本關於超驗主義者文學的經典著作。

# 公民抗命
## 索引

MANIFESTO

# 公民抗命
## 鳴謝

### 作者簡介
安德魯・科可（Andrew Kirk），曾在牛津大學接受教育，從事出版工作15年。目前為自由撰稿人，兼任利物浦大學出版社高級編輯。

### 叢書主編簡介
尼爾・騰布爾（Neil Turnbull）是英格蘭諾丁漢特倫特大學（Nottingham Trent University）的社會學理論高級講師。他在哲學、技術和社會學理論的歷史及其當代文化意義方面發表過一部專著和多篇學術論文。

### 圖片出處

The author and publisher are grateful to the following for permission to reproduce illustrations:

Cameron Collection: 8 , 27, 29B.

Edward Carpenter: *My Days and Dreams* 1916: 76T, 77

Corbis: 11, 25, 31 David J. and Janice L. Frent Collection, 62–63 Joseph Sohm/Chromosohm Inc., 74, 94 Wally McNamee, 96 both Flip Schulke, 101, 104 David J. and Janice L. Frent Collection, 105, 106 Henry Diltz, 108 Bo Zaunders, 109 Steve Liss/SYGMA, 113 Joseph Sohm/Chromosohm Inc.,114 David Butow/SABA, 119 both (Ramin Talaie).

Corbis/Bettmann Archive: 19, 20, 64, 93, 95, 99, 103.

Collected Works by Henry David Thoreau 1897: 7, 16, 18, 23, 34, 35, 38, 60, 66, 70.

Library of Congress/Prints and Photographs: 6, 9, 12, 13 both, 14, 17, 22L, 22R, 26, 28L, 28T, 29T, 30 both, 32, 33, 36 both, 61, 68, 69, 90, 91, 116, 118,120.

Vithalbhai Jhaveri (www.Ghandiserve.org), with thanks to Mahatma Gandhi Foundation (www.mahatmagandhi.org): 81, 83, 84

Jon Wynne Tyson's Collection/courtesy of Simon Wild/West Sussex Wildlife Protection: 78, 79.

World's Great Books in Outline 1927: 72, 73.